Tout ce que l’on croyait solide

ANTONIO MUÑOZ MOLINA

Tout ce que l'on croyait solide

essai

TRADUIT DE L'ESPAGNOL
PAR PHILIPPE BATAILLON

ÉDITIONS DU SEUIL
25, bd Romain-Rolland, Paris XIVe

Titre original : *Todo lo que era sólido*
Éditeur original : Editorial Seix Barral, S.A., 2013

ISBN original : 978-84-322-1544-5

ISBN 978-2-02-111884-1

www.seuil.com

It is extraordinary how we go through life with eyes half shut, with dull ears, with dormant thoughts.

C'est extraordinaire cette façon que nous avons de traverser la vie les yeux mi-clos, l'oreille à moitié sourde, la pensée engourdie.

JOSEPH CONRAD, *Lord Jim*

1

Qu'il est loin de nous, ce passé récent qui date d'il y a seulement quelques années. Un jour, sans nous en rendre compte, nous avons traversé la frontière qui mène à ce temps d'aujourd'hui et, lorsque nous en avons pris conscience et avons voulu regarder en arrière pour savoir quand s'était fait le passage, nous étions stupéfaits de nous être tant éloignés. C'était un temps où nous croyions vivre dans un pays prospère et un monde stable, où nous imaginions que le futur ressemblerait au présent, et que la situation continuerait à s'améliorer de manière graduelle, ou peut-être progresserait un peu plus lentement. Apaisants, certains experts prédisaient une « décélération progressive de l'économie », un « atterrissage en douceur ». Peu à peu, le rythme de la construction de logements se calmerait et leur prix cesserait de croître aussi vite. Le langage des économistes, qui se considèrent eux-mêmes comme des scientifiques, consistait en la répétition de quelques métaphores simples : la décélération d'un véhicule qui a circulé à grande vitesse pendant longtemps, ou l'atterrissage confortable d'un avion.

Ces métaphores-là étaient respectables. Celle qu'on devait utiliser avec le plus de précaution était la métaphore de la bulle : parler de la bulle immobilière revenait à admettre une fragilité incompatible avec le conformisme obligatoire. Une bulle s'élève dans l'air, se gonfle et, à un moment, elle éclate. Dans le langage spécifique de cette époque révolue, la métaphore de la bulle était surtout utilisée pour être réfutée. *Il n'y avait pas* de bulle immobilière. Peut-être dans d'autres pays, mais pas chez nous. Un économiste très célèbre et très respecté a écrit en janvier 2007 qu'en tout cas la bulle, si elle existait, éclaterait progressivement. Si nous avions prêté un peu plus d'attention à ce qui se passait, à ce que nous disions et écoutions, quelqu'un aurait fait remarquer que les métaphores requièrent la même exactitude que les équations, et qu'il est impossible qu'une bulle éclate progressivement.

Mais nous avions besoin de croire que les choses étaient solides, pouvaient être touchées et saisies sans s'évanouir entre nos mains, que nous marchions sur la terre et non sur une mince couche de glace, que le sol ne disparaîtrait pas sous nos pieds.

2

J'écris au passé et au pluriel, mais peut-être ne le devrais-je pas. C'est dans le présent que les événements se déroulent et c'est chaque individu qui les ressent pour lui-même, non pour les autres. Et la première personne du pluriel est très conflictuelle en Espagne. Ce qui *nous* est propre comporte un *nous* fractionné, qui jamais n'englobe la totalité des citoyens énoncée selon la loi, et qui se définit d'habitude à coups d'exclusives tranchées. S'il y a quelque chose que je peux clairement me rappeler de cet hier maintenant si lointain, c'est l'escalade de la véhémence et la multiplication des *nous* différents, toujours accompagnée de l'hostilité envers certains *autres* ou *eux*, que l'on définissait d'une manière de plus en plus agressive.

Nous oublions aujourd'hui à quel point ces années de prospérité ont été aussi d'une âpreté de relations et d'une violence verbale qui se renforçaient à mesure qu'il y avait davantage d'argent et que les indices du bien-être et des perspectives économiques s'amélioraient comme jamais. Plus nous donnions l'impression d'être riches, plus les différences politiques s'exacerbaient et plus grande était la hargne qu'on mettait à disqualifier et agresser l'adversaire, devenu l'ennemi. Maintenant que nous manquons de tout, il est étrange de penser que c'est en pleine abondance que ce climat de hargne s'est renforcé.

Nous n'étions même pas capables de trouver le minimum de concorde nécessaire pour honorer les victimes du terrorisme, pour au moins laisser leurs morts et la douleur de leurs familles en marge de cette sordide discorde entre citoyens. Des insultes qu'en des époques moins âpres on ne proférait qu'en privé se retrouvaient dans le vocabulaire quotidien de la diatribe politique : rouges, fascistes, cocos, fachos ; le but premier de la plupart des commentaires était de blesser l'autre, de lui dénier le droit à la raison et à la bonne foi, et de refuser de débattre avec lui. Le président qui a gouverné pendant la dernière période de ce passé maintenant lointain, lui-même tellement estompé au bout de quelques mois, s'est publiquement défini comme « un rouge ». Avec une désinvolture équivalente, ses adversaires politiques défendaient la dictature de Franco ou l'édulcoraient, arguaient de la légitimité du soulèvement militaire de 1936 contre la République.

3

Dans un pays presque toujours amnésique, les fragments du passé lointain revenaient sur nous comme des javelots. L'assassinat de García Lorca ou celui de Pedro Muñoz Seca[1], le massacre de Paracuellos ou celui de Guernica, le soulèvement de droite en 1936 ou celui de gauche en 1934. Des politiciens disputaient aigrement de savoir s'il fallait ou non corriger par la loi des actions irréversibles commises dans un passé lointain : déclarer la nullité du conseil de guerre qui avait condamné Miguel Hernández, mort depuis 1942, restituer ou non à Miguel de Unamuno, mort en 1936, son poste de recteur de l'université de Salamanque ou de conseiller municipal de cette ville. Que les uns mettent tant d'acharnement à corriger l'irréversible relevait d'une fantasmagorie gratuite ; que les autres s'y opposent avec une telle virulence était un symptôme révélateur de sordides affinités qui, par calcul politique ou par simple pudeur, auraient dû être inavouables. Dans les journaux, les rubriques de nécrologie étaient pleines non pas de morts récents mais des squelettes des personnes assassinées en 1936, chaque journal, de chaque côté de cette nouvelle tranchée, revendiquait les siens. Jamais autant de gens n'avaient aussi bien vécu, jamais il n'y avait eu autant de travail, peu de pays au monde jouissaient d'un système de santé universel d'une telle qualité ou d'une espérance de vie plus longue, et pourtant jamais le langage politique n'avait été aussi violent, la surface de la vie civique plus rugueuse.

1. Écrivain assassiné le 28 novembre 1936 à Paracuellos del Jarama, où eurent lieu des massacres entre novembre et décembre de la même année. *(Toutes les notes sont du traducteur.)*

Les nouvelles économiques n'avaient jamais été aussi favorables et pourtant, lire les journaux ou écouter la radio pouvait vous glacer le sang. Celui qui arrivait de l'étranger en était plus affecté, par manque d'habitude. La droite et ses porte-parole, bénévoles ou appointés, assuraient que le gouvernement socialiste manipulait les juges et la police, qu'il utilisait les services secrets pour attribuer les attentats du 11 mars 2004 à une cellule islamiste et protéger leurs véritables auteurs : les terroristes de l'ETA, alliés aux socialistes dans une conspiration destinée à voler le résultat des élections à ceux qui les avaient légitimement gagnées ; pour la gauche, le Parti populaire dissimulait en son sein ceux-là mêmes qui avaient tué Federico García Lorca en 1936. L'ex-président Aznar comparait, pour le dénigrer, l'attitude de Rodríguez Zapatero envers les terroristes basques à la capitulation de Chamberlain face à Hitler, pas moins.

Il n'y avait pas de limite à ce qu'on pouvait entendre sur une station de radio, ou dans un meeting politique. Non seulement l'adversaire était corrompu et indigne, mais il conspirait avec les terroristes et faisait leur jeu, il avait du sang sur les mains, le sang des morts de la guerre en Irak ou celui des fusillés de Paracuellos del Jarama, le sang de Lorca, celui des fœtus avortés.

4

Ce qu'on a du mal à se rappeler de cet hier si récent est l'obsession du passé qui y régnait. Aujourd'hui nous réalisons qu'il existait une espèce de tulle qui empêchait de regarder la réalité immédiate, présente, mais peut-être est-ce le propre de toute époque où l'on vit à l'intérieur d'une bulle économique. L'argent qui arrive d'on ne sait où et se multiplie sans effort apparent, qui est disponible pour être dépensé sans limites et ne s'épuise pas pour autant qu'on en dépense, produit le même effet euphorisant que la cocaïne ; comme l'or et l'argent qui arrivaient à flots depuis les Indes occidentales au XVIIIe siècle. Cela ne semblait pas être un mirage : l'Espagne avait une croissance plus rapide qu'aucun autre pays européen, assuraient les organismes financiers internationaux. Les mêmes agences de notation qui aujourd'hui rabaissent notre dette au niveau du déchet diagnostiquaient alors sa parfaite solidité. L'Espagne était l'Eldorado de l'Europe.

À une économie spéculative correspond inévitablement une conscience délirante. Ce qu'il y avait de particulier dans le délire espagnol était sa focalisation sur le passé : pas sur l'histoire réelle presque toujours peu réconfortante, ni sur le passé le plus proche, mais sur le jadis légendaire de la Deuxième République et de la guerre civile. Nous savons aujourd'hui que 2006 fut l'année où l'on atteignit le plus haut d'une marée de prospérité qui reposait sur un pur néant, sur le crédit bon marché, la corruption politique et la construction de logements. Mais pendant ce temps-là, alors que pas un responsable ne voulait ou ne savait mettre un frein à cette hallucination, ce qui occupait les journaux et les débats publics c'était surtout la célébration du soixante-quinzième anniversaire de la proclamation de la République et le soixante-dixième du début de la guerre civile.

Le plus difficile à se rappeler de cette année 2006, c'est à quel point on a voulu qu'elle soit 1931 et 1936. Obsédés par l'ouverture des fosses communes, nous n'entendions pas le fracas des excavatrices qui ouvraient de toutes parts des tranchées pour construire des maisons et des blocs d'habitations sur des terres agricoles requalifiées par des maires prévaricateurs, sur des zones humides et des forêts protégées, sur les abords du littoral restés vierges jusque-là et sur n'importe quelle surface où l'on pouvait creuser des fondations.

Le présent se dissolvait dans les mises en scène du passé. Et le passé devenait une illusion, ou une somme d'illusions, qu'on utilisait dans des tribunes venimeuses comme une conspiration destinée à ôter tout crédit aux fondements de la réalité tangible qu'on ne voulait pas voir, ainsi qu'au système même dont profitaient jusqu'à ses plus furieux détracteurs. Au nom de la République de 1931, plus rêvée que remémorée, on dépréciait la démocratie qui en 2006 durait depuis presque trente ans. Dans un pays développé et pacifique du monde moderne, des politiciens et des littérateurs alimentaient la nostalgie de l'Espagne pauvre et convulsée qui s'était elle-même saignée et détruite durant trois années de guerre civile. Des citoyens habitués aux privilèges de la paix civile et du développement économique manifestaient une virulente nostalgie de l'héroïsme en noir et blanc de cette guerre, flatteusement simplifiée à l'extrême en un catéchisme politique ou une bande dessinée d'aventures. La guerre ne provoquait pas le chagrin du deuil mais l'euphorie de l'épopée.

Cet hier, vieux seulement de quelques années et que nous regrettions déjà, était en lui-même un temps contaminé par sa propre forme de nostalgie. Une sensibilité postmoderne, cultivée dans l'habitude de négliger jusqu'aux nuances qui séparent le réel de la fiction, favorisait la confusion entre mémoire historique et roman historique. À l'idéalisation de la Deuxième République, et surtout du camp républicain dans la guerre, correspondait une vaste ignorance des faits avérés. Nous identifier avec les souffrances ou l'héroïsme de lointains ancêtres nous procure une émotion épique et confortable, une supériorité morale débarrassée de tout inconvénient, nous confère la légitimité de la victime sans avoir eu à souffrir, nous offre l'exaltation hormonale du courage sans avoir couru aucun danger. Tandis que dans le monde réel s'accélérait le délire de l'argent encouragé par une rapacité et une cupidité affranchies de bornes légales, tandis que la Bourse espagnole était la plus rentable d'Europe, tandis qu'en Espagne il se vendait plus de voitures de luxe que jamais, dans le 1936 virtuel de 2006 la gauche gagnait rétrospectivement la guerre civile et la droite abandonnait scrupules et décence dans son apologie du régime de Franco, dans le refus de reconnaître sa cruauté et ses crimes, dans la soumission à une Église catholique qui avec la même impudeur versait dans l'intégrisme.

Le présent était un brouillard de mots archaïques, d'hymnes vieillis et de drapeaux obsolètes, un charivari d'empoignades politiques. Il semblait qu'il n'y avait rien qui méritât d'être conservé, et moins encore défendu. La démocratie était à peine plus qu'une concession faite par les héritiers du franquisme qui s'y étaient enkystés. La constitution avait été rédigée dans le but exclusif de continuer à soumettre les nationalités opprimées. Aujourd'hui, alors que d'un jour à l'autre ce que nous tenions pour évident et que nous nous permettions de dédaigner est peut-être sur le point d'être perdu, peut-être ne sommes-nous pas loin de ressentir de la nostalgie pour une période que presque personne n'a su apprécier lorsqu'il la vivait. C'est la seule chose en quoi la démocratie de 1978 ressemble vraiment à celle de 1931 : aucune des deux n'a véritablement pu compter sur la loyauté des forces politiques qui lui devaient leur existence et auraient dû la soutenir. Comme la République de Weimar, la République espagnole, une fois vaincue, a nourri la nostalgie de ceux-là mêmes qui, pour ne l'avoir ni aimée ni défendue, ont facilité sa chute.

En 2006, les informations les plus voyantes concernaient presque toujours le passé. L'excavation des fosses contenant les restes de personnes exécutées et les enquêtes judiciaires sur des bourreaux morts trente ou quarante ans plus tôt occupaient cette étrange actualité où le présent n'existait presque pas, sinon comme réitération fantasmatique de confrontations sanguinaires vieilles de trois quarts de siècle. Aujourd'hui nous avons peur d'ouvrir le journal ou d'attendre l'heure des informations télévisées parce que nous ne savons pas s'ils nous apprendront que ce que nous croyions durable a cessé d'exister, que les billets qui sont dans notre portefeuille ont perdu leur valeur, que notre travail ou nos économies ont été balayés par un vent de catastrophe, que nous irons au service des Urgences et qu'il n'y aura pas de médecin pour nous prendre en charge. Aujourd'hui, l'avenir, pour une durée de quelques jours ou de quelques semaines, est un inconnu peuplé de menaces et le passé, un luxe que nous ne pouvons plus nous offrir.

5

Tout ce qui était solide se dissipe. On dirait que ce que nous nous rappelons n'a pas existé. Les événements qui aujourd'hui, rétrospectivement, nous semblent évidents, nous étaient invisibles alors qu'ils survenaient. À New York, entre 2004 et 2006, tous les jours ouvrables, je sortais du métro le matin à une station de la 50e Rue Ouest et ce que je voyais en premier était un bâtiment d'acier et de verre dont toute la façade était transformée en écran grâce à un procédé technique. On y voyait des chiffres de cotations boursières, des vagues qui se brisaient sur des plages sauvages et des paysages vertigineux du Grand Canyon, des prairies de l'Ouest ou des barrières de corail. On y voyait apparaître et grandir jusqu'à couvrir plusieurs étages, puis disparaître, le sigle de la banque Lehman Brothers. Dans la grisaille hivernale des matins de travail, ces images de vaine glorification publicitaire ressortaient au-dessus des trottoirs sales et des têtes baissées de gens qui se pressaient vers les bureaux, balayaient les rues, mendiaient ou distribuaient à bicyclette des nourritures bon marché.

Un jour de 2008, je sortis du métro et le grand écran de projection qui occupait toute la façade du bâtiment était éteint, les alignements de fenêtres avaient pris l'opacité des lieux abandonnés depuis longtemps. Du jour au lendemain, une des banques d'investissement les plus puissantes du monde avait cessé d'exister. Brutalement, ce qui avait eu une immense valeur ne valait plus rien. On découvrait que ceux qui semblaient avoir eu une connaissance de la réalité si approfondie qu'elle leur permettait de formuler des prédictions, avec la tranquille certitude des augures antiques, étaient des ignorants, qu'ils n'avaient pas prévu le désastre et ne voyaient désormais pas comment y remédier.

6

En 2006, j'ai connu à New York un promoteur espagnol enrichi en quelques années et impatient de faire des affaires aux États-Unis. Il était petit, agité, encore jeune, avec un costume sur mesure très ajusté, les cheveux frisés et noirs gominés, un de ces hommes tout en nerfs et de petite stature qui se gonflent en parlant. Il possédait une grosse société immobilière, avait créé une fondation culturelle et acheté pour 24 millions d'euros à Madrid un hôtel particulier sur la Castellana pour y installer son siège. On m'a raconté que le jour de l'inauguration, devant des centaines d'invités, des filles à moitié nues avaient fait leur apparition, elles portaient des caisses imitant des coffres à trésor qui, en s'ouvrant, se révélèrent pleines d'oranges. Des oranges de la Valence natale du promoteur recouvraient les sols de marbre et descendaient en cascade les escaliers, des ballons en forme d'orange, lâchés en grappes dans le jardin, s'envolaient vers les toits et se perdaient dans le ciel, éclairés par des projecteurs. Le promoteur était un de ces hommes qui exhibent, très visible aux poignets de leur chemise, l'or de boutons de manchettes voyants ainsi qu'une grosse montre, en or elle aussi. Il parlait par phrases courtes et de temps à autre son regard s'écartait de son interlocuteur pour inspecter rapidement le public de la salle où nous nous trouvions.

– Nous avons achevé la construction de mille maisons à Alicante. Mille maisons à un million de bénéfice net pour chacune : mille millions.

Il consultait sa montre en or et toutes les quelques secondes jetait un coup d'œil à l'écran d'un BlackBerry. Gagner de l'argent était aussi simple que de faire ces multiplications qui consistent à ajouter des zéros. En sortant la main droite de sa poche pour regarder son téléphone, il arborait une gourmette en or. Uniquement au cours des derniers mois, son entreprise s'était valorisée de 456 %. Sa valeur boursière était alors de 5,1 milliards d'euros. Il projetait, disait-il, de débarquer à New York pour y construire un gratte-ciel emblématique. Sans attendre, sa fondation avait déjà installé ses bureaux dans l'une des tours Warner. Il voulait construire des gratte-ciel emblématiques à New York, San Francisco, Shanghai, Hong Kong et Singapour.

Sa fondation avait déjà des bureaux dans chacune de ces villes. *Emblématique* était l'un de ses mots préférés. Il l'arborait comme le nombre de ses maisons récemment construites, comme sa montre et sa gourmette, ou comme le costume sur mesure qui empaquetait sa petite silhouette tel un objet de luxe, la veste se tendant sur sa poitrine et aux épaules quand il se gonflait d'air et se redressait pour paraître plus grand. Il regardait autour de lui par brefs coups d'œil, avec un mélange de ruse, de distraction et d'ennui que j'ai presque toujours remarqué lorsque j'ai côtoyé ceux qui ont beaucoup de pouvoir et énormément d'argent. Ils sont là, et ils n'y sont pas. Ils vous serrent la main et détournent rapidement les yeux de peur de manquer quelqu'un de plus important. Ils semblent avoir de la réalité une image beaucoup plus aiguë et assurée que nous, et en même temps être complètement à côté d'elle, absents, pris dans le brouillard de leur propre succès et de leur égolâtrie.

En septembre, le magnat valencien présenta sa fondation de New York en servant à Central Park une paella pour vingt mille personnes. Ce n'est pas pour rien que la paella est le plat emblématique de Valence. Dans la grande mémoire indifférente d'Internet, j'ai trouvé les données suivantes : il avait importé de Valence 247 litres d'huile d'olive vierge, 1,52 tonne de riz, une tonne de haricots, 70 kilos de sel et 5,4 de piments, il avait même fait venir l'eau de là-bas, 4 143 litres d'eau valencienne pour donner à la paella son goût incomparable. Par la faute des règlements sanitaires américains, les cinq tonnes de poulet avaient dû être achetées à New York. Mais cinquante cuisiniers étaient venus de Valence et avec eux vingt-cinq musiciens qui jouèrent des airs régionaux sur des instruments traditionnels tandis que des garçons déguisés en maraîchers et des serveuses en costume folklorique garnissaient les assiettes et s'occupaient des milliers d'invités.

En mars 2007, sa société immobilière annonçait un bénéfice de 93 millions d'euros et cet homme petit et nerveux, que j'avais regardé avec une ironie secrète d'écrivain parce qu'il répétait trop souvent le mot *emblématique* était, selon la revue *Forbes*, un des plus riches du monde. En avril 2007, la valeur boursière de la même société avait chuté de 43 % et son propriétaire perdit soudain 1,3 milliard d'euros de sa fortune personnelle. Au bout de six semaines la perte atteignait 76 %. À la fin de l'année, la société ne valait pratiquement plus rien, le jeune magnat avait vendu son palais de Madrid et vivait au Brésil.

7

L'argent inquiète et fascine, il étourdit par sa monstrueuse aptitude à se multiplier. L'argent produit des constructions aussi symboliques et destinées à impressionner les faibles, les crédules et les ignorants, que les ziggourats de Mésopotamie ou les vestibules des temples égyptiens avec leurs hautes colonnes massives. L'argent semble être ce qui est le plus irréfutable, il a le pouvoir de tout acheter et de tout détraquer, et soudain il s'évapore, semble n'avoir jamais existé.

À l'époque où j'ai fait la connaissance du magnat valencien de l'immobilier, j'ai eu quelques relations avec un dirigeant de la banque Merrill Lynch. Une partie de mon travail d'alors était de trouver des mécènes privés pour les activités de l'Institut Cervantes à New York. Cette personne de Merrill Lynch représentait sans doute une opportunité prometteuse. Il était chilien, et très catholique. Il portait à son revers un petit insigne religieux. Récemment encore il avait dirigé les finances du Vatican. Il gérait à l'époque le département de Merrill Lynch qui avait la plus forte croissance, celui des investisseurs espagnols ayant des intérêts aux États-Unis. Lorsqu'une personne occupe un poste aussi important, immédiatement il dégage une impression de solidité et de sagesse profonde, comme d'omniscience. À la différence du promoteur espagnol, cet homme aimait faire montre d'une certaine lenteur, propre à celui dont les épaules supportent de très lourdes responsabilités et qui a traité avec des cardinaux et des papes. Lui non plus n'était pas grand mais massif, robuste, portant une simple alliance, les ongles lisses et manucurés. À l'inverse du promoteur valencien, son corps n'était pas soumis à des tensions voyantes. Outre l'insigne à son revers, il lui arrivait parfois de porter des cravates à motifs religieux : petites croix ou coquilles de pèlerin. Son département bancaire finançait une grande foire d'art latino à Miami, aussi importante que celle de Bâle. Peut-être pourrait-il monter quelque chose d'analogue à New York ou à Madrid.

Un jour il m'invita pour déjeuner au siège de Merrill Lynch, en bas de Manhattan. La fonction d'une tour de verre moderne est aussi primitive que celle d'un temple assyrien : donner une impression de puissance à celui qui observe le monde depuis son sommet, puissance d'autant plus grande que la tour est plus haute ; réduire d'avance à l'insignifiance et à la stupéfaction celui qui approche de ses portes. Peu importe que les portes soient de bronze ou de verre teinté et qu'elles s'ouvrent automatiquement en silence, qu'elles soient surveillées par des gardes de sécurité munis de lunettes noires et d'écouteurs à l'oreille ou par des lions ailés et des taureaux à tête d'homme. J'entrai dans le hall aux marbres sonores du gratte-ciel de Merrill Lynch et à mesure que j'approchais du bloc de marbre poli et surélevé comme un autel derrière lequel souriaient les réceptionnistes, je devenais plus conscient de mes insuffisances : ma cravate dont le nœud s'était desserré durant le trajet en métro, un des poignets de ma chemise qui dépassait trop, des chaussures noires usées et pas très nettes, les pointes de mon col de chemise qui avaient tendance à passer sur les revers de ma veste. Dans les espaces sonores du hall de Merrill Lynch résonnaient les talons de chaussures vernies, de femmes et d'hommes, toutes également brillantes, ou de chaussures en cuir cousu main qui n'étaient marquées ni par l'usure ni par le mauvais temps. Des hommes jeunes et des femmes jeunes passaient d'un lieu à l'autre habillés avec un luxe austère qui avait quelque chose de liturgique, comme s'ils étaient les serviteurs d'un culte exigeant. Par de discrets appels téléphoniques les réceptionnistes avaient vérifié à voix basse mon identité. L'une d'elles m'adressa un sourire clinique en me remettant un badge à mon nom. Une autre, marchant sur de très hauts talons, me fit signe de la suivre et me conduisit à travers le hall vers la batterie d'ascenseurs. Toutes portaient des tailleurs de couleur brunâtre et de coupe sévère.

En quelques instants de silence, l'ascenseur monta jusqu'au niveau supérieur. Quand la porte s'ouvrit nous étions arrivés à un étage où la sensation de calme et de recueillement était encore plus forte. Après cette montée si rapide je me sentais un peu nauséeux et le sol oscillait légèrement sous mes pieds. La clarté gris bleuté du jour nuageux pénétrait par les murs de verre. Quelques rares personnes passaient dans les couloirs, leurs pas assourdis par la moquette. Par la porte ouverte de certains bureaux, face à des écrans d'ordinateurs posés sur de longues tables dégagées, sans la moindre trace de papiers ou de désordre, se profilaient des silhouettes immobiles qui se découpaient sur les murs de verre. L'argent était un flux invisible, que l'on pressentait autour de soi sans pouvoir ni le voir ni le toucher : une légère vibration de l'air, la pulsation des ordres d'achat et de vente instantanés à la surface lisse des écrans, la palpitation de longues séries de chiffres manipulés par des gens à l'intelligence très supérieure à la mienne.

Enfin ma guide me laissa seul dans une salle dont le centre était occupé par une table de marbre encadrée par deux chaises se faisant face, des chaises faites de tubes d'acier et de cuir noir. Derrière le mur de verre, au premier plan, se trouvaient l'immense excavation entourée de grues et les machines qui commençaient à construire les nouveaux bâtiments de Ground Zero ; et au-delà, le panorama dégagé de la baie de New York, l'embouchure de l'Hudson, le bronze verdâtre de la Statue de la Liberté, les tours d'Ellis Island, le voile de brume de l'Atlantique et sur l'horizon la muraille monotone des gratte-ciel de Jersey City. Tout en bas, en faisant bien attention, dans les rues rendues plus étroites encore par l'éloignement, on voyait de minuscules formes humaines, des taxis comme des jouets, des camions rouges de pompiers, silencieux à cette distance en dépit de leurs gyrophares allumés.

Quand il entra, mon hôte m'indiqua les détails du panorama avec une magnanimité pédagogique, des garçons en veste noire boutonnée jusqu'au cou nous servirent le déjeuner sur des assiettes presque plates faites de lames d'ardoise. À partir d'un certain niveau, l'argent semble nécessiter un ascétisme maoïste dans l'habillement du personnel subalterne. Conscient de me rendre coupable d'une faiblesse sans doute censurable, je bus un verre de vin. Dans les déjeuners de travail américains, l'usage est de boire de l'eau.

De la conversation, je ne me rappelle qu'un ton vaguement onctueux qui ouvrait de larges perspectives mais ne menait nulle part. En même temps qu'il étalait devant moi son pouvoir en parlant de millions de dollars, le dirigeant de Merrill Lynch éludait un accord qui ne lui en aurait coûté qu'une dizaine de mille, une broutille pour cette machine à faire de l'argent qui occupait tout un bâtiment de quatre-vingts étages et avait des agences et des ramifications dans le monde entier. J'imagine que j'ai dû faire des efforts pour ne pas laisser trop dépasser les poignets de ma chemise et pour paraître quelqu'un de cultivé, à la hauteur de l'invitation qu'on m'avait faite. Comme il m'arrive souvent dans ce genre de situation, j'avais une forte envie d'uriner et je n'osais pas me lever et demander avec naturel où se trouvaient les toilettes. De son côté de la table, mon hôte me regardait avec une bienveillance épiscopale. Pour moi, sa présence et ses propos, ses explications nébuleuses sur les flux économiques suggéraient une omniscience nourrie à la fois par sa solennité et par mon ignorance, par mon complexe d'infériorité de littérateur, par un fond de fascination craintive face à ces êtres qui contrairement à nous comprennent, eux, comment fonctionne véritablement le monde.

Rien de concret ne sortit de ce déjeuner. Peu de temps après, Merrill Lynch s'était effondré comme Lehman Brothers, et à eux deux ils avaient failli entraîner la planète entière dans leur chute.

8

Ils n'étaient pas experts en économie mais bien en escamotage. Nous les avons crus, non parce que nous comprenions ce qu'ils nous disaient mais parce que nous ne le comprenions pas, et parce que leurs prédictions fumeuses et le sérieux sacerdotal avec lequel ils les énonçaient nous plongeaient dans une espèce de révérence sidérée. Parmi toute cette caste de devins et d'augures investis de l'infaillibilité scientifique par notre ignorance, le grand prêtre était Alan Greenspan, président de la Réserve fédérale qui a pris sa retraite en janvier 2006 encensé de louanges unanimes. Nous savons aujourd'hui que c'était le moment de la marée la plus haute dans cette époque de délire (le temps où je sortais du métro et voyais le building de Lehman Brothers transformé en immense écran où se succédaient des images numériques de couchers de soleil et de plages aux brisants couronnés d'écume, le temps où j'avais rendez-vous avec des promoteurs valenciens et des théologiens de la finance, le temps où la seule condition qui semblait indispensable pour que la prospérité ne cesse jamais était que les gouvernements renoncent à réguler les marchés financiers et privatisent un par un tous les services publics). Alan Greenspan était le grand prêtre de cette orthodoxie, avec ses petits yeux vifs derrière les verres grossissants de ses lunettes à monture vieillotte, avec sa légende d'omniscience entretenue pendant presque vingt ans sous quatre présidences différentes, avec ses costumes sombres et son expression sérieuse, son regard intelligent perdu dans le vague, scrutant un avenir aussi prospère que le présent. Les mots que nous utilisons en disent plus long que nous ne le pensons. On l'appelait le gourou, *the wizard,* le sorcier. Quelques années plus tôt le journaliste Bob Woodward lui avait consacré un livre flagorneur qu'il avait intitulé *Maestro,* comme s'il était un grand chef d'orchestre, un Karajan ou un Furtwängler de l'économie, très au-dessus des pauvres intelligences ordinaires et faillibles. Comme pour une liturgie, il bougeait ses mains tavelées de vieil homme tel un chef plein de sagesse qui n'a pas besoin de baguette, qui semble extraire la musique de l'air ambiant et non de l'effort discipliné des membres de l'orchestre qui s'affairent à ses pieds : en janvier 2006 Alan Greenspan, qui avait joué de la clarinette avec Stan Getz quand il était jeune, qui militait pour la privatisation de la Sécurité sociale aux États-Unis, qui avait fait partie du premier cercle des adorateurs de Ayn Rand, la prophétesse fanatique du capitalisme le plus virulent, et qui avait refusé d'imposer la moindre limite aux acrobaties financières de Wall Street, Alan Greenspan donc prit sa retraite de la Réserve fédérale, couvert de gloire, et sans transition obtint de juteuses charges de consultant dans des entreprises privées.

À peine quelques mois plus tard, la bulle économique américaine commençait à se dégonfler. En septembre 2008, pendant les journées apocalyptiques où l'effondrement de 1929 semblait sur le point de se répéter, Alain Greenspan déposait devant une commission du Sénat. L'expression, le costume, les gestes, les lunettes, la cravate noire, les mots murmurés, les mouvements des mains, rien n'avait changé. Mais désormais le sorcier, le Maestro, le gourou était un vieil homme qui avouait ne rien comprendre à ce qui se passait alors. Il disait, je le cite, se trouver «*in a state of shocked disbelief*» : dans un état d'incrédulité sidérée. Exactement comme chacun de nous.

9

Nous sommes persuadés que s'ils occupent des situations de pouvoir aussi insignes, ils doivent être très intelligents. En réalité ils ne nous paraissent très intelligents que parce qu'ils ont un pouvoir immense. Nous leur attribuons la subtilité et la rigueur de la connaissance scientifique, mais s'ils nous hypnotisent, c'est qu'ils bougent avec une lenteur solennelle et des gestes sobres qui suggèrent une pensée impénétrable, comme les augures romains qui devinaient l'avenir en examinant les viscères des animaux sacrifiés ou le vol des oiseaux. J'ai assisté à deux interventions publiques de Rodrigo Rato à New York quand il était directeur du Fonds monétaire international. Rato parlait l'anglais avec aisance, regardait ses notes sur le pupitre mais ne les lisait pas, levait les yeux par-dessus ses lunettes, comme s'il surveillait au-dessus des têtes du public un avenir assuré que lui seul et quelques autres pouvaient déchiffrer. Au printemps 2007, Rodrigo Rato prédisait que l'économie mondiale atteindrait sans heurts 5 % de croissance et que, si toutefois il y avait un léger ralentissement aux États-Unis, il ne s'agissait guère que d'un contretemps qui se corrigerait en quelques mois.

10

Là où rien ne se passait encore, c'était en Espagne. Ni quand les banques commencèrent à faire faillite aux États-Unis, ni quand l'Islande puis l'Irlande basculèrent de la prospérité dans la banqueroute. Aujourd'hui nous avons du mal à admettre qu'il ne s'est pas écoulé plus de quatre ans depuis 2008, année où Rodríguez Zapatero remporta pour la deuxième fois et sans grands efforts les élections législatives. Qui pouvait croire que la crise approchait ? Qui allait sérieusement critiquer le président parce qu'il refusait de prononcer ce mot alors que l'économie affichait presque 4 % de croissance, plus que l'année précédente, plus que n'importe quelle année de la longue période de croissance de la décennie précédente ? La Bourse de Madrid avait atteint le niveau le plus élevé de son histoire. Entre 1997 et 2007, les terrains s'étaient valorisés de 500 %. En Espagne circulaient plus de billets de cinq cents euros que dans aucun autre pays d'Europe.

Nous étions la huitième puissance mondiale, disait le président du gouvernement. Il disait aussi qu'en trois ans nous atteindrions le niveau de revenu de l'Allemagne. Dans les trois ans nous aurions le premier réseau de trains à grande vitesse du monde, devant le Japon et la France. Nous jouions dans la *Ligue des champions*, répétait cet homme souriant avec une démagogie footballistique. (Mais il ne s'agissait pas seulement, comme on le pense aujourd'hui, d'une hallucination espagnole : selon *The Economist*, l'Espagne et la Suède étaient les économies les plus dynamiques d'Europe.) Nous avions dépassé l'Italie pour le revenu par habitant et très bientôt nous dépasserions la France. La France qui s'ankylosait et entrait en décadence. Dans le monde, la langue française menait des combats d'arrière-garde alors que l'espagnol progressait avec un élan statistique qui gonflait de chiffres imprécis le triomphalisme des discours officiels. Plus personne ne voulait apprendre l'allemand. L'Institut Goethe et l'Alliance française devaient fermer des centres parce que leurs salles restaient vides d'étudiants ; nous autres ne cessions d'ouvrir des antennes de l'Institut Cervantes dans les capitales les plus lointaines : Tokyo, New Delhi, Séoul et Pékin. Le Brésil allait déclarer obligatoire l'apprentissage de l'espagnol et bientôt il y aurait besoin de professeurs pour enseigner notre langue à des millions de nouveaux élèves. Aux États-Unis, l'espagnol était la première langue de cinquante millions de personnes, etc.

11

Autre souvenir de cette époque ; une visite au palais de la Moncloa, en décembre 2004, en compagnie de César Antonio Molina, le directeur de l'Institut Cervantes, ainsi que de trois ou quatre directeurs d'antenne, dont l'écrivain Juan Pedro Aparicio. Le président Rodríguez Zapatero nous reçut, avec le grand sourire qui à l'époque ne le quittait jamais, les yeux très clairs, les épaules serrées et relevées, le col de chemise extraordinairement blanc. Les salons du palais étaient peints en blanc, des lithographies de Joan Miró accrochées aux murs. Tout paraissait aussi neuf et éclatant que le costume du président ou la couleur de sa peau, un bronzage intense en plein hiver. Tout était moderne sur un mode aseptique et les assistantes et assistants qui passaient ici et là, empressés, et qui entouraient le président étaient encore plus jeunes que lui. Être jeune et être femme étaient des qualités incontestables en ce temps si lointain. Les colonnes couleur crème des salons de la Moncloa perdaient une grande partie de leur magie quand, au toucher, on s'apercevait qu'elles étaient creuses comme celles d'un décor. Le président eut envie de nous montrer la salle de réunion du Conseil des ministres, elle aussi décorée de lithographies de Miró. L'omniprésence de Miró devait être une espèce de déclaration de principes. Appuyant ses mains sur le dossier du fauteuil qui occupait le bout de la table, les épaules toujours relevées d'une manière qui lui était si personnelle, le président nous dit : « Ceci est l'endroit le plus remarquable du palais. Quand on est assis ici, on touche véritablement le pouvoir. » J'étais étonné qu'il le dise avec autant de sincérité, qu'il ne cache pas son plaisir de commander.

12

Dans un autre salon dont les portes vitrées ouvraient sur le Bois du Pardo, nous fûmes invités à nous asseoir sur des canapés de cuir blanc autour d'une table basse en verre, si grande que nous nous regardions de loin les uns les autres. Le café au lait médiocre avait tiédi. Nous échangions les banalités d'usage dans ce genre de réunion et quand César Antonio demanda une augmentation de budget, le sourire s'épanouit sur le visage du président. « Nous avons de l'argent », nous dit-il, je m'en souviens, « nous avons beaucoup d'argent cette année. Et l'année prochaine nous en aurons encore plus. L'économie démarre comme une fusée. Nous aurons un excédent budgétaire. » Il nous regardait avec ses yeux si clairs qu'ils donnaient l'impression d'être transparents, trop limpides pour contenir la moindre substance matérielle.

Inévitablement, la conversation dériva vers le passé. Le passé semblait le seul sujet capable de donner un peu de consistance à ce présent évanescent où Rodríguez Zapatero évoluait entre les murs blancs et les colonnes creuses du palais de la Moncloa, dans ces salons largement ouverts sur les pinèdes du Pardo et l'horizon bleuté de la Sierra, très net par ce matin d'hiver. Il nous dit que le gouvernement projetait de faire exhumer les restes de Manuel Azaña à Montauban et ceux d'Antonio Machado à Collioure pour les ramener en Espagne. Il fixa sur moi ses yeux si clairs avec une expression d'étonnement impassible quand je lui exprimai mon désaccord : une partie ineffaçable du passé de Manuel Azaña et d'Antonio Machado était d'être morts en exil et d'imposer l'obligation de passer la frontière à qui voulait se rendre sur leurs tombes. Je citai un vers explicite d'Antonio Machado : *Seule est nôtre la terre où nous mourons*. D'une chose à l'autre nous changeâmes de conversation.

13

Nous avions eu beaucoup d'argent et soudain nous n'en avions plus. Nous avions eu beaucoup d'argent et comme ce flux d'argent, public ou privé, avait grossi durant de nombreuses années, il n'avait pas été déraisonnable de supposer que dans le futur cela continuerait, encore et encore.

Il y avait eu de l'argent pour tout : pour ouvrir de nouvelles antennes de l'Institut Cervantes dans les villes les plus chères du monde ainsi que des ambassades officieuses des communautés autonomes ; pour ajouter un nouveau terminal gigantesque à l'aérodrome de Barajas et construire des aéroports dans presque tous les chefs-lieux de province ; pour créer et inaugurer des musées d'Art contemporain, des palais des congrès, des ensembles universitaires, des parcs à thème, des sites d'énergie solaire, des auditoriums, des centres culturels, des installations omnisports de taille olympique, des circuits de Formule 1, des lignes de train à grande vitesse, des gares ferroviaires colossales, des usines de dessalement d'eau de mer. « Nous avons de l'argent et nous en aurons encore plus. »

14

Je me rappelle ma première arrivée de New York par le nouveau terminal de Barajas. Dans la lumière de l'aube, avec le décalage horaire, la fatigue et la confusion d'une nuit de voyage, l'endroit me sembla d'une complexité et d'une dimension effrayantes. Dans une aérogare, peut-être plus que nulle part ailleurs, on apprécie et on recherche une architecture rapidement compréhensible et un espace de circulation qui suscitent la sérénité et assurent une orientation immédiate. Je sortis de l'avion, m'attendant aux formes simples et familières de l'ancien terminal et me trouvai, sans préavis, dans une jungle démesurée et pléthorique : étages multiples, escaliers mécaniques, succession de panneaux lumineux verticaux, halls bruyants où le voyageur fraîchement arrivé était accablé par la dimension des espaces, toits ondulés en accordéon soutenus par des armatures de couleur.

La sensation de démesure et l'impression d'être étranger s'accroissaient lorsque, prenant un taxi, l'on voyait au loin, sur l'étendue sèche et désertique des abords de Madrid, une forêt mobile de grues, des douzaines de grues tournant au-dessus des bâtiments de quartiers entiers qui quelques mois plus tôt ne s'y trouvaient pas, et plus loin les quatre tours en construction à la limite de la ville ; un quartier d'affaires surgi presque instantanément, au complet, tout d'un coup, étalant ce luxe vulgaire de l'architecture de bureaux qu'on voit n'importe où, prismes ou cylindres de verre sombre, toujours semblables, toujours signés par les mêmes architectes ploutocrates, les trois ou quatre noms en vue, ceux qui circulent comme des divas dans des jets privés et, distraitement, ne consacrent qu'un instant à visiter l'œuvre qu'ils honorent de leur signature. Vues à cette distance où la silhouette de la ville dépasse à peine la ligne de l'horizon désertique, ces tours semblaient dresser leur insolence au milieu du néant, au-dessus d'un paysage stérile, étranger à la nature mais aussi à l'histoire, et à cette patiente continuité qui modèle la physionomie d'une véritable ville, d'une ville civilisée.

Quelques années plus tôt, pas plus, sur l'espace occupé aujourd'hui par les quatre tours, se trouvaient des terrains de sport : des tribunes basses, des étendues de gazon où s'entraînaient les joueurs du Real Madrid. D'un jour à l'autre, de tranquilles installations sportives des abords d'une ville se transforment en un chantier de démolition, puis en étendue de terre retournée et éventrée où s'activent des machines ; un terrain qui ne valait presque rien acquiert une valeur immense ; ce passage du presque rien à une logique qui multiplie les millions par mille met soudain en évidence la subite capacité d'expansion de l'argent. Depuis le milieu des années cinquante la métaphore qu'on a utilisée pour désigner ce prodige est l'expression : *pelotazo*[1].

15

Plus le temps semble s'accélérer, plus vite intervient l'oubli. Qui se souvient aujourd'hui des années où cette expression a surgi avec un sens qu'elle n'avait pas jusque-là ? Pourtant, on peut situer le commencement de l'époque qui vient de s'achever grâce à son passage du sens littéral au sens figuré ; comme ces indices secondaires qui permettent de dater avec précision une trouvaille archéologique. Quand avons-nous entendu dire pour la première fois que quelqu'un avait réussi un *pelotazo*, quand l'expression est-elle devenue si habituelle qu'il n'y avait pas une réunion politique où elle ne fût répétée ? Peut-être est-ce en 1988, à

1. *Pelotazo* : coup de pied dans un ballon, le shoot gagnant du football. Par métaphore : combine « fumante » et souvent douteuse.

l'époque où un ministre socialiste, Carlos Solchaga, assurait que l'Espagne était « le pays où l'on pouvait s'enrichir le plus rapidement ».

Au début, *pelotazo* se disait sur un ton confidentiel, plus tard l'expression devint publique. Certains l'utilisaient même avec un rien d'admiration. Dans un pays où tout s'était fait à une échelle limitée et en grande partie prévisible, réussir un *pelotazo* distinguait soudain l'exceptionnel, un profit aussi spectaculaire qu'un coup de pied bien envoyé dans le cuir d'un ballon de football.

Comme tout s'oublie très rapidement, nous autres qui ne sommes plus jeunes avons l'obligation de témoigner de ce que nous avons vu de nos propres yeux, de ce qui reste dans notre mémoire. Vers le milieu des années quatre-vingt, l'argent commença d'être disponible pour la politique et pour la vie quotidienne. Pour la première fois nous vîmes des gens s'enrichir ; pas les riches habituels, presque toujours établis, et bien sûr lointains, mais des personnes qui nous ressemblaient, qui achetaient une voiture tapageuse, s'installaient dans une maison avec jardin, prenaient des habitudes de luxe ou pratiquaient des vices coûteux, eux qui dans un passé très récent avaient fait preuve d'intransigeance idéologique et d'un ascétisme militant.

Nous vîmes aussi beaucoup de ceux qui nous ressemblaient entrer en politique par conviction ou par hasard lors de la première vague d'élections démocratiques, s'y installer et en faire leur profession. Ils y prenaient les manières que donne une autorité innée. Peu de temps auparavant, en 1977, en 1979, récemment élus députés ou conseillers régionaux, ils étaient intimidés par les huissiers ou les gardes civils qui se mettaient au garde-à-vous à leur entrée dans un bâtiment public et avaient une réaction égalitaire et indignée face aux pompes du pouvoir. Au bout de peu de temps, non seulement ils les acceptaient sans le moindre embarras mais se sentaient intérieurement grandis en s'asseyant dans le fauteuil garni de velours ancien de leur bureau, ou en assistant à une cérémonie publique, un défilé, une procession ; de plus ils ne mirent pas longtemps à acquérir l'aisance indispensable pour monter dans une voiture officielle ou en descendre.

Nous étions très jeunes et pour nous, le temps passait alors avec une plus grande lenteur ; aujourd'hui nous sommes surpris de réaliser à quelle vitesse tout cela s'est produit, le peu d'années qu'il a fallu pour que beaucoup de ces amateurs se transforment en professionnels, se multiplient et s'enkystent dans la classe politique, s'emparent de cette même administration où peu de temps auparavant ils étaient arrivés comme des intrus. En même temps que la politique devenait un métier à vie, et souvent assez lucratif, beaucoup de ceux qui l'avaient pratiquée lors du passage de la clandestinité à la vie démocratique s'en éloignèrent, en furent écartés contre leur volonté ou subirent un harcèlement qui les réduisit à l'insignifiance. Après un ou deux mandats, ceux qui avaient un métier y retournèrent. D'autres qui en avaient un et qui, jusqu'à un certain moment, auraient pu s'en aller eux aussi, se rendaient soudain compte qu'ils avaient passé trop d'années en politique et n'étaient plus capables que de cela. Mais la résignation et le cynisme sont plus supportables quand on reçoit un bon salaire en échange de peu d'efforts et quand une retraite généreuse vous est assurée, ou si l'on a été complice d'un *pelotazo* et qu'on dispose d'un compte secret ou d'un coffre-fort rempli de billets de cinq cents euros qui n'ont laissé aucune trace.

Alors l'esprit critique ne s'exerce plus qu'en privé, si ce n'est en silence. Une des caractéristiques les plus surprenantes de la proliférante classe politique espagnole est son conformisme. Les dirigeants de chaque parti sont réélus, encore et encore, avec une unanimité nord-coréenne. Dans les salles où ils réunissent leurs congrès, où ils applaudissent avec un dévouement discipliné et lèvent la main au moment voulu, il n'y a probablement personne, à ce niveau, qui ne soit pourvu d'un poste bien rémunéré, qui ne vive de l'argent public depuis de longues années. Certains de ces vétérans qui avaient vingt ans et quelques à la fin des années soixante-dix continuent de remporter des élections, ou ont atteint l'âge de la retraite avec des salaires de ploutocrates en présidant avec une prestance de patriciens des entreprises publiques ou privatisées, des caisses d'épargne qu'ils ont impavidement conduites à la ruine. Et il y a même une deuxième ou une troisième génération de responsables qui ont transformé en privilèges héréditaires ce qui avait commencé de manière fort improvisée dans les premières années de la Transition, eux qui n'ont respiré d'autre air ni étudié d'autre métier que ceux de la carrière politique.

16

Vers le milieu des années quatre-vingt, les premiers de notre génération, ou nos aînés de dix ou quinze ans tout au plus, suscitaient notre étonnement incrédule quand nous les voyions se transformer sans pudeur en hommes de pouvoir. En 1977, 1979 et 1982 il y avait eu des élections législatives ; en 1979 et 1983 les élections municipales avaient garni les municipalités de maires et de conseillers de gauche. On ne se rappelle plus à quelle échelle, avec quelle rapidité tout devait être improvisé. Il fallait trouver des candidats pour des milliers de listes. Il fallait organiser les partis politiques presque à partir du néant. Il fallait chercher des gens plus ou moins capables pour se charger de l'innombrable variété de tâches, petites et grandes, que nécessitait le formidable effort de transformation du pays. Les évolutions personnelles s'accéléraient au même rythme que l'invention de la nouveauté. Les périodes de grands changements sociaux et politiques sont très stimulantes pour la littérature parce qu'il est fréquent d'y assister, en peu d'années, à la trajectoire complète d'un destin, au spectacle suprêmement romanesque de vies qui changent de cours, de capacités nouvelles qui se révèlent chez ceux qu'on en croyait dépourvus, de l'effondrement inattendu de ce qui paraissait très solide et de la mutation d'identités qui apparaissaient figées.

À l'époque actuelle où les machineries politiques sont si fortement ossifiées, il est difficile de se rappeler, et encore plus d'expliquer la sensation qu'alors tout était transitoire, la volatilité et l'incertitude qui imprégnaient toutes choses. L'avenir était aussi fluide que le présent et l'on n'était assuré de rien. L'euphorie de la liberté n'a jamais été totale. L'excitation bouillonnante de changements si rapides avait pour contrepartie les inerties inébranlables et la crainte permanente d'un coup d'État. Sous le bariolage de fête pop du début des années quatre-vingt persiste le scandale de mares de sang aujourd'hui oubliées. Tandis que nous inventions la démocratie, les terroristes tuaient, un jour oui un jour non, dans le seul but d'exaspérer l'armée et de susciter une dictature militaire. Sous l'ivresse de la découverte et de l'improvisation courait en permanence une pointe d'angoisse.

Chaque époque a ses propres métaphores qui surgissent sans qu'on sache d'où, deviennent familières et quotidiennes, puis disparaissent sans que personne ne se les rappelle. Elles appartiennent au bruit de fond d'une époque et les sons laissent aussi peu de traces tangibles que les impressions visuelles ou les odeurs. Qui se souvient que l'une des métaphores de ces années-là était le *bruit de bottes*, la rumeur persistante d'une menace de coup d'État ?

17

Mais personne non plus n'aurait su prévoir les changements de la morale publique et privée rendus possibles par l'irruption de cette autre métaphore : le *pelotazo*. Il faudrait suivre l'expression à la trace, vérifier la date où elle entra pour la première fois dans un dictionnaire. Dans le *Dictionnaire de la langue espagnole*, je trouve une définition parfaite : PELOTAZO : *affaire de légalité douteuse qui permet de gagner rapidement beaucoup d'argent*. En ce temps, la fin des années soixante-dix et le début de la décennie quatre-vingt, nous ne connaissions personne qui eût beaucoup d'argent ou qui en amassât, vite ou lentement. L'Espagne était un pays plus pauvre. Ce à quoi aspiraient la plupart des gens que nous connaissions, et moi le premier, n'était rien de mieux qu'un salaire d'instituteur ou de professeur de lycée, de fonctionnaire moyen.

En 1981, lorsque j'ai commencé de travailler à la mairie de Grenade avec un contrat d'un an, mon salaire d'adjoint administratif intérimaire était très faible, mais je ne crois pas que les fonctionnaires les mieux payés aient pu gagner dix fois plus que moi. L'administration municipale était indigente. Ses fonctionnaires passaient leur temps à comparer avec mélancolie leurs traitements à ceux des privilégiés de deux paradis administratifs inaccessibles pour eux : le Conseil général et la Caisse d'épargne.

Dans les bureaux, les meubles étaient vieux et les machines à écrire, mécaniques. Je me rappelle que la seule machine électrique se trouvait au secrétariat du maire. Les tapis, les dorures et les velours de la salle du conseil municipal répandaient une odeur poussiéreuse de style néo-isabélin. Nous étions deux à travailler au service des fêtes et de la culture, et il y avait deux tables. L'une d'elles était occupée par le chef. L'autre était partagée entre son unique subordonné, moi, et l'assistante administrative du service des *affaires diverses*, qui à l'abri de ce titre mystérieux était principalement chargée d'établir des certificats de résidence. Le maire était un jeune enseignant de la faculté de droit, pas même professeur titulaire. Son adjoint à la culture était un professeur de lycée. J'ai oublié aujourd'hui s'il recevait une quelconque indemnité mais en tout cas il continuait de faire ses cours, ou une partie d'entre eux. Ce que je me rappelle bien, c'est que, lorsqu'il cessa d'être adjoint, il retourna au lycée. La politique, dans cette municipalité de seconde zone, était une occupation occasionnelle et la plupart de ceux qui s'y consacraient le faisaient par conviction et avaient une carrière ou un travail auquel retourner. Les fonctionnaires acceptaient la médiocrité de leur traitement presque comme un signe de noblesse. « Ils nous trompent sur le salaire et nous les trompons sur le travail », disaient-ils. Ou bien : « Ils font semblant de nous payer et nous de travailler. » Les premières tentatives de contrôle des horaires furent perçues comme une brimade : dans la cour de la mairie, sous l'escalier qui menait aux bureaux, on disposa des feuilles où il fallait signer en arrivant. D'abord à neuf heures et ensuite, plus vexatoire, à huit. À huit heures dix, un employé impitoyable ramassait les feuilles d'émargement et les portait au service du personnel. « Le prochain pas sera de nous faire porter des bleus de travail et d'installer une sirène sur la mairie, comme à l'usine » : paroles mémorables prononcées par un vétéran. Les horloges pointeuses furent une innovation que l'on attendit encore bien des années.

18

Vers le milieu des années quatre-vingt, il y avait déjà beaucoup d'argent, moins que par la suite, mais bien plus qu'on en avait jamais vu. Il y avait de l'argent pour les municipalités et l'administration de l'État. Cela débuta lorsque la réforme fiscale modernisa le recouvrement de l'impôt. Et il y en eut encore plus quand arrivèrent les fonds de la Communauté européenne, au moment où les politiques s'octroyaient davantage de pouvoir grâce au vote de lois opportunes, qui les affranchissaient de la subordination à cette légalité dont ils s'étaient tellement plaints les premiers temps, se déclarant bloqués par ce qu'on appelait alors les « entraves bureaucratiques ». À la fin des années quatre-vingt, les maires n'étaient plus des amateurs hésitants, irrités par le protocole et se résignant avec lassitude aux cérémonies vieillottes qu'ils auraient préféré supprimer. Ils brassaient de gros budgets et pouvaient les dépenser sans rendre de comptes à de hauts fonctionnaires chargés au début de surveiller la légalité des engagements municipaux en approuvant préalablement toute proposition de dépense dont ils contrôlaient ensuite le paiement.

Dans ces années de changements retentissants, l'un de ceux qui allait avoir des conséquences les plus destructrices sur la vie publique espagnole passa inaperçu. Sans lui, la fréquence et l'énormité des *pelotazos* qui commencèrent alors à devenir célèbres n'auraient pas été possibles. Mais, plus grave que la *légalité douteuse* qu'évoque le dictionnaire, plus grave que la grossière illégalité de tous les cas de corruption, est la parfaite légalité qui a présidé à l'immense majorité des abominations et des gaspillages qui se sont accumulés au long de tant d'années pour aboutir à ce présent où tout s'écroule, où nous ne savons même pas si demain il y aura un médecin à l'hôpital pour nous soigner ou une équipe de pompiers pourvue des moyens indispensables pour combattre un incendie ou simplement une benne municipale qui passera ramasser les ordures.

Ce qui a débuté au milieu des années quatre-vingt sans que personne s'en aperçoive ni le dénonce, c'est qu'au moment où les institutions publiques commençaient à disposer de beaucoup d'argent, les contrôles effectifs de la légalité des engagements de crédits disparaissaient. Parmi toutes les erreurs de la Transition espagnole dénoncées de façon tellement virulente lorsque le luxe de l'obsession du passé nous était encore permis, presque personne n'a mentionné l'une des plus graves : l'incapacité de créer une administration publique professionnelle, fiable, offrant des postes et des carrières attractifs, austère, scrupuleusement assujettie à la loi, étrangère à la politique et aux allers et retours électoraux.

19

Un temps si long s'est écoulé que personne sans doute ne se souvient que, dans les programmes électoraux d'alors, une des promesses récurrentes était ce qu'on appelait la « carrière administrative » : un fonctionnaire n'aurait plus de raison de rester toute sa vie bloqué au même poste, sans autre perspective que de voir s'accumuler lentement ses annuités d'ancienneté. S'il travaillait efficacement, s'il continuait à se former, s'il acquérait de nouvelles capacités, il pourrait progresser et améliorer son salaire en faisant la preuve de compétences vérifiables.

Quelques années durant, j'ai vécu moi-même avec cet espoir. En 1982 j'ai réussi le concours d'assistant d'administration. Le métier auquel j'aspirais était celui de professeur de lycée mais il s'agissait d'une ambition statistiquement inaccessible. Chaque année il n'était proposé au concours que quelques dizaines de postes dans ma spécialité, l'histoire de l'art, et des milliers de candidats se présentaient. À la mairie au moins je gagnais ma vie. Je me rappelle encore par cœur la description des modestes tâches pour lesquelles je recevais un traitement à peine plus élevé que le salaire minimum: «dactylographie, calcul simple, rédaction de correspondance». En réalité mon travail consistait à programmer des concerts, des expositions et des représentations théâtrales. J'aimais cela et j'avais l'espoir, entretenu par les élus qui me commandaient, qu'au bout d'un certain temps on reconnaîtrait mes titres universitaires et l'expérience professionnelle que j'avais accumulée. Écrire était ma vocation et j'y consacrais presque toutes les soirées laissées libres par mon travail, mais je n'imaginais pas un jour pouvoir me consacrer exclusivement à la littérature, et en vivre.

Je n'avais aucun mal à me limiter à des espoirs raisonnables. Et j'appréciais souvent les occasions procurées par mon travail d'écouter des musiciens extraordinaires, de les observer de près et de faire la connaissance de peintres que j'admirais.

Tous les ans, il semblait que la promesse de la «carrière administrative» était sur le point de se réaliser. Il y avait davantage d'argent mais, à un moment donné, cette promesse disparut. Il y avait de l'argent disponible pour verser des salaires aux maires et à leurs adjoints, ce qui ne s'était jamais vu, pour renommer pompeusement « espaces » les tristes bureaux d'antan, pour changer les vieux velours et les fauteuils isabélins défoncés contre du mobilier au design moderne, pour superposer du jour au lendemain aux antiques hiérarchies restées immuables durant plus d'un siècle de nouvelles fonctions exécutives aux noms fantaisistes : gérants, gestionnaires, animateurs socioculturels, adjoints techniques, directeurs de cabinet, directeurs d'espaces, directeurs de la communication.

Ils étaient tellement nombreux qu'ils ne tenaient plus dans les anciens locaux, il fallait donc en acheter ou en louer de nouveaux, inventer de nouveaux organismes, de nouveaux noms et des sigles beaucoup plus compliqués. Quand je suis entré à la mairie de Grenade, la fourniture d'eau potable était gérée dans un petit bureau dont la porte en verre dépoli portait un simple carton : *Service des Eaux*. Deux ou trois ans plus tard, le service, transformé en une entreprise avec son directeur et son conseil d'administration, occupait plusieurs étages dans un bâtiment moderne et luxueux de la ville dont la façade portait un nom si complexe qu'il était impossible à prononcer mais qui, dans toute sa longueur et sa difficulté, s'ingéniait à omettre le mot « eau » : Entreprise Municipale de Distribution et d'Assainissement de Grenade Société Anonyme. EMDAGRASA.

20

Plus personne ne se souvint jamais de la « carrière administrative » parce que les partis politiques – les uns comme les autres, majoritaires ou minoritaires, de droite ou de gauche avec la même conviction que les indépendantistes et les centralistes – préférèrent occuper les institutions avant de les réformer de l'intérieur, désactivant les mécanismes de contrôle légal là où ils existaient, empêchant leur mise en place quand ils créaient de toutes pièces de nouveaux organismes. Le franquisme n'avait pas été seulement un régime tyrannique, mais aussi un régime incompétent, concédant aux groupes de pression qui le soutenaient des parts du butin dont ceux-ci tiraient parti, doté d'une administration mal équipée et mal payée, absurdement archaïque, plongée dans un délabrement matériel qui rendait les locaux encore plus sinistres et hostiles, le visage des fonctionnaires plus aigri. Dans la mesquine laideur franquiste, il y avait une part de simple pénurie administrative qui dura plus longtemps que le régime.

Dans les bureaux, les casernes ou les commissariats, on ne trouvait rien qui ne fût vieux et qui, d'une manière ou d'une autre, ne portât les traces sordides d'un long abandon. On pouvait voir des chefs de bureau aux cheveux gominés laisser pousser démesurément l'ongle de leur auriculaire. Les bords des tables de bois portaient des brûlures noires de cigarette. Le gris sale des uniformes et des fourgonnettes de la police était le même que celui des classeurs métalliques et autres meubles du service municipal où je travaillais. Les demandes administratives devaient être estampillées de timbres fiscaux, achetés dans des bureaux de tabac toujours tenus par des veuves de guerre ou les héritiers de mutilés du parti vainqueur ; une demande était appelée supplique et pour la conclure, il fallait souhaiter à l'autorité destinataire : « Que Dieu garde en longue vie votre Illustrissime Grâce, ou Votre Excellence. »

21

Voilà l'univers que découvrirent les conseillers de gauche quand ils arrivèrent dans les municipalités lors de la grande vague démocratique de 1979. Mais ils n'y trouvèrent pas que des fonctionnaires franquistes. Ils y trouvèrent beaucoup de démocrates qui avaient fait le gros dos pour y survivre, plus ou moins embusqués, ainsi qu'un certain nombre de techniciens supérieurs très compétents qui avaient réussi des concours difficiles et représentaient, à l'échelle espagnole, ce qui ressemblait le plus aux corps d'élite de l'administration française. Dans chaque municipalité, des membres de ce qu'on appelait non sans une certaine révérence «les corps nationaux» occupaient les trois postes clefs : secrétaire général, contrôleur financier et trésorier-payeur. De mon infime position d'employé intérimaire, je les voyais investis d'une mystérieuse solennité. À cette époque, tout ce qui provenait du passé nous semblait grevé d'une immonde origine franquiste. En réalité, ces «corps nationaux» existaient depuis très longtemps avant la guerre civile. Ils avaient été créés dans le but de limiter le pouvoir arbitraire des caciques locaux sur les niveaux les plus fragiles de l'administration : les mairies et les conseils généraux. Secrétaires, contrôleurs et trésoriers avaient des situations inamovibles qui ne dépendaient que de l'État central. Les maires ne pouvaient ni les nommer ni les destituer. Le secrétaire général certifiait la légalité des délibérations municipales. Le contrôleur financier devait approuver chaque proposition de dépense, s'assurant préalablement qu'elle ne débordait pas du budget. Le trésorier-payeur contrôlait l'argent qui entrait dans les caisses de la mairie et autorisait les paiements.

Je me rappelle l'exaspération des élus qui me commandaient face à cette subordination de leurs projets et de leurs décisions à des procédures où ils ne voyaient que la pesanteur de la bureaucratie du passé. Ils avaient gagné les élections. Ils étaient arrivés au pouvoir avec la légitimité du vote populaire, avec la mission de tout changer radicalement, et ils se trouvaient empêtrés dans des obstacles incessants, dans des circuits administratifs d'une lenteur qui semblait calculée pour entraver la mise en pratique urgente des idéaux au nom desquels ils s'étaient engagés en politique.

Il aurait fallu construire une légalité démocratique nouvelle : ils substituèrent à l'ancienne le pouvoir de pratiquer sans contrôle leurs caprices politiques. Ils changèrent les lois, non pour les améliorer mais pour s'assurer le pouvoir d'agir à leur marge. Et bien entendu ils ne créèrent jamais « la carrière administrative ». Les fonctionnaires professionnels mais politiquement indociles furent écartés des postes de responsabilité, ou forcés de partir, démoralisés ou écœurés. Au lieu de moderniser l'antique bureaucratie, ils la noyèrent sous une inflation de nouveaux postes clientélistes : commissaires politiques soumis ouvertement ou en secret au bon vouloir de ceux qui les nommaient, loyaux jusqu'à la soumission, dévoués au service du parti ou du leader dont dépendait leur salaire et non à celui des citoyens dont les impôts le finançaient.

C'est là que la catastrophe qui nous submerge aujourd'hui trouve son origine : ce moment où le pouvoir de disposer de l'argent public put s'exercer sans contrôle légal préalable, où les lois devinrent assez élastiques pour ne pas entraver les abus, les fantaisies insensées, la cupidité et les délires – ou simplement pour ne pas être appliquées.

Mais une administration clientéliste ne fait pas que susciter l'incompétence et faciliter la corruption, elle décourage aussi les employés les plus capables et généralise le cynisme. Celui qui par intégrité professionnelle ou par vocation fait bien son travail comprend qu'il reviendrait au même de le faire mal, et que de plus en accomplissant son devoir il se met à dos ses supérieurs. Lorsque chacun sait que le zèle peut être ignoré et la médiocrité récompensée, qu'en fin de compte tout dépend de la faveur politique, vouloir améliorer son travail paraîtra toujours moins attrayant que le découragement ou le laisser-aller, la servilité. Plus une administration sera politisée, moins il y aura de continuité dans des projets qui devraient être conçus à long terme et laissés au-dessus des rivalités partisanes : tout se fait et se défait au rythme des alternances électorales, ce qu'un gouvernement a approuvé restera en suspens et sera démantelé quand arrivera le gouvernement d'un autre parti ; les nouveaux responsables aspirent principalement à effacer les traces de leurs prédécesseurs ; l'argent dépensé et les efforts consentis deviennent stériles.

22

L'abondance d'argent se transforma en un débordement quand, au début du siècle, nous intégrâmes la monnaie unique et que le crédit bon marché commença d'affluer. Nous ne comprenions pas alors qu'une grande partie de cet argent était empruntée et que, pour si faibles que soient les intérêts, il faudrait bien le rembourser un jour. Nous ne le comprenions pas et personne ne nous l'expliquait. Personne n'expliquait que lorsqu'une ville, une province ou le gouvernement central devait rembourser l'un de ses emprunts arrivé à échéance, il contractait alors un nouvel emprunt, de sorte qu'à chaque remboursement la dette augmentait au lieu de diminuer. Personne n'expliquait que l'argent prêté par les banques aux particuliers pour acheter leur maison, ces mêmes banques l'avaient emprunté à d'autres banques étrangères. Mais l'argent a la faculté d'effacer toute suspicion sur son origine. Il y avait beaucoup d'argent et pas de contrôle, ou des contrôles si légers que la puissance de l'argent les balayait sans difficulté.

Bientôt il y eut des dégourdis, politiciens ou non, qui se mirent à tirer profit de la situation, à pratiquer le *pelotazo* à divers niveaux, depuis la combine picaresque de peu d'ampleur jusqu'aux coups fumants se chiffrant par millions. C'est l'époque où sous nos yeux des fortunes ont commencé à se constituer, où l'habillement a changé, où l'on a vu d'anciens adeptes des catacombes de la clandestinité prendre goût aux cabinets particuliers des restaurants de luxe et à la poudre blanche de la cocaïne. Favorisées par cette légalité douteuse prospéraient des affaires où se gagnait beaucoup d'argent, et très vite.

Peu d'années auparavant, les collectivités étaient trop pauvres, tous les engagements de dépenses et tous les contrats étaient sujets à des appels d'offres soigneusement codifiés, à l'examen juridique pointilleux par ces fameux fonctionnaires sur qui les hauts responsables politiques n'avaient d'autre autorité que celle de la loi. Plus tard, ces fonctionnaires perdirent une grande partie de leur pouvoir d'antan, d'autres parfois se laissèrent acheter, les mairies et les conseils municipaux purent alors embaucher du personnel et dépenser pratiquement à volonté, prendre des décisions sans les soumettre à de fastidieux calculs de coût.

En marge de l'administration commencèrent à prospérer des organismes hybrides qui n'étaient pas soumis aux anciens contrôles, et donc ne dépendaient que des dirigeants politiques : entreprises publiques, sociétés d'économie mixte et fondations qui, débarrassées des fameuses entraves bureaucratiques, géraient apparemment les affaires avec l'efficacité et le dynamisme des entreprises privées, aussi bien la distribution d'eau que les fêtes ou les musées, la construction de HLM que l'urbanisme des villes. Jusque-là les traitements des fonctionnaires s'étaient situés entre une demi-misère et le plus ou moins décent, entre le salaire d'un manœuvre ou d'un adjoint administratif comme moi et celui d'un technicien supérieur d'administration. Plus tard les maires eurent la faculté de fixer eux-mêmes leur traitement et en profitèrent avec allégresse, s'entourant d'un étalage de protocole et de voitures officielles inédit dans des pays beaucoup plus riches que le nôtre.

Mais ce fut à partir de 1983 et 1984 que les directeurs et les gestionnaires des entreprises ou des agences qui se multipliaient à la périphérie des administrations commencèrent à toucher les meilleures rémunérations, et les moins visibles, surtout lorsqu'il s'agissait de la gestion du patrimoine. Il fallait construire de nouveaux bâtiments pour héberger les organismes récemment inventés ; il fallait acquérir et réhabiliter des palais anciens, confier leur restauration et leur aménagement à des architectes amis, et pour bien afficher la différence avec la vieille administration obsolète, les équiper de mobilier moderne, mobilier acheté grâce à des appels d'offres truqués eux aussi ; il fallait des designers de renom pour créer les logos, les sigles des entreprises, ou même leur trouver un nom approprié.

Pour gagner soudain énormément d'argent, il suffisait de disposer des contacts politiques adéquats. Pour emporter le contrat du matériel de bureau ou de services informatiques d'une municipalité, il n'était pas nécessaire de déposer une offre qui proposerait la meilleure qualité pour les meilleurs prix, il suffisait de disposer en privé des réponses à l'appel d'offres avant qu'elles ne soient rendues publiques.

Pour diriger un théâtre, un stade omnisports, un auditorium ou une entreprise municipale, nul besoin de présenter la qualification appropriée ni de prouver son expérience lors d'une compétition équitable avec d'autres candidats, le seul mérite décisif résidait dans la confiance politique. Les seules « carrières administratives » que l'on ait faites en Espagne durant les trente dernières années sont celles des médiocres, arrimés aux partis politiques, qui sont parvenus à occuper les plus hautes fonctions sans faire preuve d'aucune compétence, sans savoir rien de rien, sans acquérir au cours des années d'autre savoir-faire que celui de feindre l'activité ou l'expérience. Il n'est pas un lieu de l'administration culturelle, de la politique ou de la vie économique où ils ne se soient hissés. Personne ne peut calculer le nombre ni le coût total des postes qui ont été créés, non pour répondre à quelque nécessité rationnelle programmée, mais comme contrepartie de faveurs politiques ou pour y installer des parents plus ou moins proches. Aujourd'hui même, nous ployons sous le poids mort accumulé de leur incompétente multitude.

23

Très vite ils démontrèrent leur préférence pour les simulacres : solennités, cérémonies, événements, commémorations, processions, festivités, organisations dont la seule consistance était le nom et le logo, slogans publicitaires et campagnes d'image, en résumé cette entéléchie que l'on commençait d'appeler « la communication ». Là où auparavant il n'y avait au mieux qu'un bureau de presse, on trouvait désormais des agences de communication au complet, ce qui faisait beaucoup plus moderne et permettait de recruter davantage de personnel. Des individus, aux savoirs imprécis et aux qualifications chimériques, obtenaient par millions des subsides destinés à gérer l'administration du néant, habillée au préalable par de vastes constructions verbales aussi consistantes que ces châteaux pyrotechniques de plus en plus dispendieux allumés lors des fêtes comme bouquet final, châteaux dans le vide, châteaux en Espagne.

Il existait un pays réel plutôt austère, peuplé de gens occupés à travailler le mieux possible : soigner des malades, mettre au monde et éduquer des enfants, construire des objets solides, poursuivre des malfaiteurs, juger des délits, faire de la recherche dans des laboratoires, cultiver la terre, classer les livres des bibliothèques, gagner de l'argent en imaginant ou en vendant des biens nécessaires. Mais coiffant ce pays-là, et beaucoup plus visible, on trouva très vite un autre pays, celui des simulacres et des mirages : candidatures olympiques et expositions universelles, chantiers géants destinés non à un quelconque usage pratique mais à satisfaire l'exhibitionnisme de politiciens qui les inauguraient et à courtiser grossièrement des citoyens en flattant leur vanité, chaînes de télévision régionale vouées sans vergogne aucune au gaspillage illimité d'une propagande sectaire et à l'exaltation de la plus basse vulgarité convertie en gloriole collective.

N'importe quelle dépense ou presque était possible à condition d'être consacrée au superflu ; car même à l'époque de la plus grande abondance, il n'y a jamais eu trop d'argent pour le nécessaire : une instruction publique de qualité, la recherche scientifique, la protection de la nature, des salaires dignes pour les agents de la fonction publique dont dépendent la santé et la vie des autres, ou pour ceux qui risquent la leur pour les protéger.

24

À la tâche peu glorieuse d'administrer avec rigueur et efficacité le pays existant, ils préférèrent très vite l'invention de pays parallèles, de villes converties en leur propre projection fantasmatique ou en décors. Alors qu'il était urgent de moderniser en profondeur l'économie ou la justice, ils préféraient s'attacher à moderniser les apparences. Dans les parages désertiques que l'on traverse en taxi en sortant de l'aéroport de Barajas, une des premières choses qui se présente est une structure de verre en forme d'œuf ou de bulle hermétique, telle une station spatiale posée sur une planète aride à l'atmosphère irrespirable. C'est le seul bâtiment construit d'une « Cité de la justice » aujourd'hui abandonnée qui, selon les plans insensés du gouvernement régional, devait regrouper dans des installations modèles tous les services de l'administration judiciaire dispersés dans Madrid. Cette cité fantôme ne sera jamais terminée, ce qui n'a pas empêché de l'inaugurer. Les autorités ont dépensé presque un million et demi d'euros pour cette cérémonie. Et pendant ce temps-là les locaux de la justice continuent de ressembler à des bureaux de l'époque de Dickens, de plus, par manque d'argent, de moyens et de personnel, n'importe quel procès peut s'étirer sur de longues années.

25

Pour tous ceux-là, le travail utile et bien fait n'a jamais compté car ses fruits sont longs à venir et, lorsqu'ils arrivent, ils sont rarement spectaculaires et ne leur fournissent pas l'occasion de s'afficher comme des bienfaiteurs ou des hommes providentiels. Et ils voulaient apparaître dans le journal ou mettre en scène de fastueuses inaugurations à la veille d'une campagne électorale. L'important était de bien *communiquer*. Lorsqu'un verbe jusque-là transitif se retrouve intransitif, il est l'indice grammatical de la tromperie qu'il dissimule. Dans une société bien structurée, les mérites sont très largement répartis et le rôle principal dans une réussite ne revient presque jamais à celui qu'une charge publique met au premier plan. Plus une ville ou un pays fonctionne rationnellement, moins il reste d'espace pour le populisme du bon leader providentiel qui sait ce qui convient le mieux aux siens, qui leur obtient ce qu'ils demandent ou ce dont ils ont besoin, qui presque toujours l'arrache avec détermination à un pouvoir plus lointain, lequel pourra opportunément être tenu pour responsable de n'importe quel contretemps.

Lors des trente et quelques dernières années, tandis que s'élevaient de partout les constructions les plus inutiles et les plus chères d'Europe, ont surgi, en Espagne aussi, de grands notables de la politique cultivant avec succès et sans le moindre scrupule le populisme le plus élémentaire, parfois paternel, parfois vulgaire, ou les deux à la fois, affichant une grossièreté revendiquée ou invoquée en défense comme de la simplicité, comme la proximité de l'homme ou de la femme bon enfant qui ne dissimule pas ses origines et ne s'embarrasse ni de formalisme ni de subtilités élitistes ; le maire débraillé se mêlant aux gens du peuple qui continuent de le réélire, lui qui parvient à bâtir des quartiers neufs, des terrains de golf, des installations sportives de taille olympique, qui a « assez de couilles » pour attirer dans ses fêtes l'artiste le plus fameux et le plus cher que de plus tout le monde pourra voir gratuitement, qui ridiculise en public les plaintes des habitants gênés par le bruit insupportable des bars, ou les protestations des écologistes contre le martyre d'une vachette, ou l'abattage d'une forêt pour implanter un quartier neuf.

Ce mélange du vieux « caciquisme » espagnol et d'un populisme de style sud-américain rajeuni a coïncidé avec le flux d'argent bon marché qui arrivait d'Europe, pour engendrer une fantastique multiplication de simulacres et de festivités, de kermesses baroques construites pour durer quelques semaines ou quelques jours, de célébrations hypertrophiées, récemment inventées pour certaines et vieillies pour d'autres, cruelles très souvent, conservées non par attachement aux traditions mais par la brutale persistance de l'arriération. Il est triste que dans un pays la notion de fête s'accompagne aussi régulièrement de la vandalisation des espaces collectifs, d'un vacarme insupportable, de tonnes de déchets, de la maltraitance des animaux, d'un mépris agressif envers ceux qui ne participent pas aux festivités. Il est plus triste encore que ce soient des autorités démocratiques qui aient organisé et financé ces horreurs, les aient rendues respectables, et même aient encouragé l'intolérance face à toute attitude critique. De l'extérieur, personne n'a le droit de mettre en cause ce que nous sommes. N'importe quelle objection est une injure faite à la communauté tout entière. Et qui oserait critiquer de l'intérieur ? Qui se hasarderait à agir comme un renégat ou un traître ? Qui accepterait de subir l'ostracisme ?

La commémoration et non pas le présent ; le simulacre et non la réalité ; l'apparence et non le fond ; quelques jours d'événements spectaculaires et non l'opiniâtreté dans l'amélioration du quotidien ; la fête comme identité, presque comme mode de vie et non l'enchaînement des jours ouvrables et du temps où le loisir privé compense le travail ; la fête comme obligation générale, comme interruption prolongée de la normalité, comme expression de l'authentique et de l'indispensable, massivement partagés ; la fête comme point culminant de l'année, comme dépense prioritaire des deniers publics ; la fête légitimée par les siècles ou épuisée peu de temps après son invention ; la fête comme culture retrouvée, affranchie d'une prétendue persécution qui confère le rôle de victimes héroïques à ceux qui la célèbrent ; la fête avec ses annonces tonitruantes payées une fortune à celui qui célèbre les gloires locales dans une prose de mirliton ; la fête avec des processions solennelles, des célébrations liturgiques, des complications protocolaires, des costumes régionaux, des corridas, des courses de garçons ivres devant des taurillons épouvantés, des batailles par équipes qui consistent à lancer et piétiner des tonnes de tomates, le vacarme terrifiant des pétards qui, de temps à autre, provoquent des morts ou des incendies ; la fête où des équipes de télévision étrangères tournent des reportages confirmant combien les Espagnols sont brutaux et primitifs, exotiques et bariolés, même ceux qui célèbrent leurs fêtes dans une exaltation d'authenticité anthropologique les confortant dans leur obstination à n'être pas espagnols ; la commémoration de la commémoration : en 1992 on a célébré le tricentenaire de la découverte de l'Amérique par une exposition universelle, en 2012 on a célébré le vingtième anniversaire de l'Exposition de 92.

Une des caractéristiques les moins étudiées de la démocratie espagnole est cette tendance au paroxysme de la fête. Et l'un des chapitres les plus difficiles à chiffrer du gaspillage qu'il nous faut payer aujourd'hui est celui de tout l'argent public qu'on a dépensé en fêtes depuis trente et quelques années : fêtes municipales et de quartier, régionales ou provinciales, carnavals, fêtes du printemps, fête de la Saint-Joseph à Valence, de la Saint-Firmin à Pampelune, fête du Rocío de Doñana, Feria de Séville et imitations de la Feria de Séville.

Ce qui autrefois se passait en cinq jours se mit à durer une semaine et demie. La modeste fête d'une unique soirée s'étala sur une semaine entière, devenue un mélange de bringue ininterrompue et d'événement officiel. On décidait que le carnaval, disparu depuis un siècle par décrépitude ou par ennui, avait été proscrit par le franquisme et qu'il était donc obligatoire de le rétablir. Et pour le rétablir, ou pour l'inventer, il fallait voter un budget important, engager des techniciens du spectacle ou des experts en ce qu'on commençait à baptiser « l'animation socioculturelle », experts qui organisaient et réglementaient la musique de rue, les fanfares, les bals masqués, les concours de déguisements, les spectacles de bateleurs et toute une effervescence de spontanéité populaire factice dont il ne serait pas resté la moindre trace dès l'instant où l'argent ainsi dépensé aurait été consacré à des fins plus utiles.

Les concerts de variétés qu'en d'autres temps organisaient des entrepreneurs privés dans l'intention logique d'y trouver un bénéfice étaient désormais programmés par les effervescents « espaces de culture » nouvellement créés par les municipalités, par ces sociétés ou ces agences de gestion municipale de la culture. Cela eut un double effet immédiat : affranchi de la prudence et du calcul de rentabilité des organisateurs privés, le prix payé par les municipalités pour ces spectacles augmenta de manière exponentielle, pour le bonheur des artistes et surtout des intermédiaires ; et le public s'habitua à payer très peu, ou même rien du tout, et donc à n'accorder aucune valeur à ce qu'on lui offrait gratis.

Aucun organisateur privé ne pouvait désormais lutter contre des institutions publiques qui payaient le prix qu'on leur demandait et de plus offraient gratuitement le spectacle. Ce qui peu de temps auparavant avait été prospère grâce à l'astuce et au savoir-faire des entrepreneurs privés renchérit au point de ne plus pouvoir être assumé que par les organismes publics. Ceux des artistes que l'on voyait déjà beaucoup monopolisèrent les scènes. D'une année sur l'autre ils quadruplaient ou quintuplaient leurs cachets, en outre ils n'avaient même plus à se préoccuper d'une des incertitudes du métier : avoir à remplir les arènes ou l'enceinte d'une fête. Comme en Espagne, des années durant, personne ne semblait s'être demandé d'où venait l'argent que les institutions publiques jetaient par les fenêtres, les politiciens influents s'autorisaient le luxe de faire croire au bon peuple qu'ils lui offraient, par pure générosité et sans contrepartie, n'importe quel divertissement qui pouvait lui plaire.

26

J'ai vécu de près les premières années de ce grand épanouissement de la fête devenue libéralité populiste, affirmation identitaire, sacralisation de l'exceptionnel plutôt que du quotidien, de la paresse plutôt que du travail, imposition tyrannique du droit à la bringue et au bruit plutôt que du droit au repos ou au sommeil et à la tranquillité de ceux qui ne pouvaient ou ne voulaient pas se joindre au mouvement général. Comme n'importe quelle autre communauté, aussi bien celles gouvernées par les nationalistes que les autres, l'Andalousie vivait un processus accéléré d'auto-exaltation, auquel la télévision régionale se consacra avec grand succès, et pour un coût à jamais incalculable. La « culture andalouse » était une version de pacotille des visions orientalistes d'un passé musulman et une glorification systématique de tout événement festif. La jovialité locale et les robes à volants sortirent de l'armoire poussiéreuse des stéréotypes andalous et espagnols désormais célébrés comme culture autochtone.

À Grenade, lorsque j'ai commencé à travailler à la mairie, la feria de la Fête-Dieu commençait un mercredi pour se terminer le dimanche. Outre les processions et les solennités catholiques habituelles, les divertissements possibles se limitaient à un alignement de modestes baraques d'attractions montées sur une promenade longeant la rivière Genil, quelques corridas, éventuellement un cirque, et des comédies présentées par des compagnies de Madrid au théâtre Isabelle la Catholique. Dans tout cela l'intervention publique était très restreinte. Des orchestres bon marché égayaient les bals de la baraque municipale. Les compagnies dramatiques dont la tournée passait par Grenade partageaient la recette avec le gérant du théâtre. Des guirlandes d'ampoules colorées et de drapeaux en papier décoraient les rues du centre et la promenade poussiéreuse où se trouvaient les stands de tir et de cadeaux, les manèges et les attractions où montaient les enfants.

Tout changea, non pas progressivement mais d'un seul coup, d'une année à l'autre. Désormais la feria de la Fête-Dieu déménagea sur un immense terrain où se construisait une ville entière, une Grenade provisoire et parallèle nécessitant les mêmes services que la ville normale : éclairage public, distribution d'eau, égouts, transports. Il fallait être pleinement andalous, et pour l'être il était impératif d'imiter coûte que coûte la Feria de Séville, avec sa grande enceinte de baraques privées organisée pour la fête permanente et les danses sévillanes, avec ses avenues pour les défilés de cavaliers et de voitures à chevaux, avec son grand portail d'entrée construit en dur où, le soir, s'allumaient des milliers de lumières.

Être andalou c'était boire du xérès en plein air et danser la sévillane. La fête n'était plus une parenthèse discrète, un ajout lumineux en marge de la ville et du quotidien. La fête était une manière de vivre et durait presque deux semaines entières, elle occupait par priorité l'actualité et les informations, l'agenda de la nouvelle classe dirigeante. Dans les journaux locaux, les nouvelles de la feria occupaient chaque jour des suppléments entiers. Dès qu'exista la télévision régionale, des équipes considérables réalisèrent des retransmissions en direct de tous les événements du monde parallèle des baraques foraines, dont beaucoup abritaient des institutions, partis politiques, syndicats, entreprises ; tout ce monde se rassemblait à la feria, offrait des réceptions et des banquets dans la grande vitrine de cette ville fictive. Trop proche de l'été, la feria anticipait allègrement la fin des classes. Dans les arènes se succédaient les corridas et les concerts gratuits des stars du pop et du rock. Comme dans la Rome antique ou l'Espagne de la période baroque, l'une des tâches prioritaires de l'administration était de fournir au peuple des divertissements gratuits. Le véritable montant de la facture n'a jamais été connu. Il faut dire que personne ne l'a demandé.

Un peu avant la Fête-Dieu, au début de mai, la tradition était de célébrer le jour de la Croix. Comme tant de choses à Grenade, cette fête était un événement modeste. À partir de midi on improvisait dans les rues de petits reposoirs garnis de châles et de croix composées d'œillets. Les enfants fabriquaient des croix avec leurs petits moyens et en profitaient pour demander une pièce aux passants : « un petit sou pour la Sainte Croix ». La fête avait lieu un jour ouvrable. Le soir, la coutume était de monter à l'Albaicín ou d'aller dans le quartier du Realejo pour faire la tournée des reposoirs et boire une bière ou un verre de vin aux comptoirs de rue. Vers minuit la fête s'achevait au Campo del Príncipe.

En quelques années, la fête de la Croix s'était étendue à toute la ville et durait une semaine entière. Les anciens comptoirs improvisés où l'on buvait une bière ou un verre de vin étaient devenus de véritables cafés, équipés de sonorisations et qui jusqu'à l'aube retentissaient de sévillanes ou de musique de discothèque. On y poussait le son au maximum, servant sans contrôle des boissons alcoolisées, mais il n'y avait pas de toilettes et personne ne se chargeait d'évacuer les ordures laissées par les clients. Comme les fêtards étaient majoritairement des jeunes, aucun politicien, aucune autorité ne considérait comme convenable, ou évolué, de prendre une quelconque mesure qui aurait pu être interprétée comme une condamnation de la jeunesse. Élever la voix contre une telle dégradation de la vie civique faisait de vous un réactionnaire, un rabat-joie. Et s'il y a une chose en Espagne avec quoi il est impossible d'être en désaccord, c'est le totalitarisme de la fête, où se retrouvent gauche et droite avec le même enthousiasme.

27

On pouvait être tout sauf un rabat-joie. On était un rabat-joie pour n'importe quelle raison, toujours impardonnable. On pouvait être un rabat-joie pour avoir critiqué l'énormité des dépenses de l'Exposition de Séville et des Olympiades de Barcelone, ou simplement pour ne pas leur avoir consacré un enthousiasme suffisant. On était un rabat-joie parce qu'on s'indignait de la vulgarité de la télévision poubelle ou simplement pour avoir parlé de télévision poubelle, parce qu'on dénonçait la dégradation que cette télévision a causée et continue de causer dans la vie en Espagne. On était un rabat-joie impénitent si l'on n'approuvait pas la liberté des horaires d'ouverture pour les cafés, ou si l'on évoquait la contrepartie de responsabilité personnelle et de sens du devoir qui accompagne n'importe quel droit dans une société démocratique : le devoir d'étudier pour ceux qui profitent de l'enseignement public, la responsabilité des parents dans l'éducation de leurs enfants, celle de n'importe quel usager d'un service payé par tous, propreté des rues, assistance sanitaire, transports publics.

À Madrid, pour ne pas risquer d'être traités de rabat-joie, des douzaines d'intellectuels, résidant presque tous dans des quartiers paisibles de la périphérie, signaient des manifestes de protestation à chaque tentative de limiter le bruit des bars ou les excès de l'ivresse collective dans le centre. Était un rabat-joie celui qui élevait une objection contre le tissu serré de justifications et d'indulgence politiques excusant tous les abus commis par la frange la plus incivique de la collectivité. Des années durant le bruit et la vitesse agressive des motos furent un supplice dans une ville comme Grenade, aux rues si étroites et à la circulation si difficile. Elles empêchaient le repos et le sommeil avec le fracas des échappements libres, elles franchissaient les passages à piétons sans aucune précaution, elles envahissaient les trottoirs. Un conseiller municipal que je connaissais – ancien professeur de lycée peu à peu installé dans la politique et qui plus jamais ne retourna enseigner – m'expliqua qu'il existait bien un arrêté municipal contre l'anarchie des motos, mais qu'il n'était pas appliqué. Après plus de vingt ans, je n'ai toujours pas oublié son explication :

– Opprimés comme le sont déjà les jeunes par le Système

(le mot « système » *dit* avec une majuscule), comment nous autres, au conseil municipal, pourrions-nous les matraquer encore ?

Pendant des années, opprimés par le Système et par l'Espagne envahisseuse, un certain nombre de jeunes du Pays basque se consacrèrent, entre autres divertissements de week-end, à brûler des distributeurs de billets et des autobus municipaux en y lançant des cocktails Molotov, ce qui leur procurait l'émotion patriotique de participer à une espèce d'intifada ou de guérilla urbaine sans courir le moindre danger : les policiers considéraient leurs actions héroïques à une distance respectable, les pompiers venaient éteindre le feu, les banques et les caisses d'épargne changeaient discrètement les distributeurs et les municipalités achetaient de nouveaux autobus d'une qualité aussi excellente que les précédents. Fernando Savater disait alors que le Pays basque était le seul endroit au monde où l'on avait non seulement le droit d'utiliser d'excellents autobus urbains, mais aussi de les brûler. Les rabat-joie étaient à ce point insupportables que même lorsque des terroristes tuèrent un pauvre homme qui menait un groupe de masques lors du carnaval de sa ville, la municipalité décida de ne pas interrompre les fêtes. Et bientôt, se plaindre de la participation des autorités démocratiquement élues aux célébrations religieuses devint une affaire de rabat-joie et non de partisans de la séparation de l'Église et de l'État.

28

Que la droite fût attachée à la pureté des usages, obsédée par les traditions et asservie à la religion, la chose était prévisible dans un pays rétrograde où, depuis des siècles, le pouvoir politique immobiliste et brutal était allié à l'Église catholique. Ce qui était extraordinaire, dans cette époque de changements, c'était de voir à quelle vitesse la gauche passait du laïcisme et de l'anticléricalisme à une espèce de ferveur généralisée pour tous les rituels hérités de la théâtralité militante de la Contre-Réforme qui survivaient non par l'enracinement de la foi ou la vitalité de la culture populaire mais à cause de l'arriération économique, de l'isolement et de l'ignorance du monde extérieur.

Dans les révoltes de notre adolescence nous avions rejeté simultanément le poids de la religion et celui de l'oppression grossière de la dictature. Comme l'Église catholique profitait du régime de Franco dont elle était l'alliée, nous les englobions dans le même dégoût. Le même esprit de modernité qui nous poussait à porter les cheveux longs et à écouter de la musique pop nous éloignait de ces solennités liturgiques où beaucoup d'entre nous voyaient l'héritage fossilisé d'un passé qui serait aboli dès que la liberté ferait irruption dans notre pays.

29

Je me rappelle un vendredi saint, à Úbeda, peut-être en 1973 ou 1974. Nous étions un petit groupe d'amis enfermés dans la maison de l'un d'entre nous, à haute voix nous lisions à tour de rôle un document clandestin que nous commentions : le *Manifeste-Programme* du parti communiste. Ces pages mal imprimées à une époque ignorant encore la photocopie nous bouleversaient : nous y voyions la preuve tangible d'une résistance qui avait pour nous un attrait romantique en même temps qu'elle nous faisait très peur. Dans quel atelier secret avaient-elles été imprimées, par quelles voies souterraines, héroïques et périlleuses, étaient-elles parvenues jusqu'à nous ? Nous discutions installés par terre parce que cela nous semblait moins bourgeois que de nous asseoir sur des chaises ou des canapés. Nous voulions comprendre le sens de *la grève nationale pacifique* ou de *l'alliance des forces du Travail et de la Culture*, ou bien de la primauté de l'infrastructure économique sur les superstructures politiques. Malgré notre prudence, nous devions élever la voix pour nous comprendre : dans la rue, sous la fenêtre, se déroulait une des processions de la semaine sainte, accompagnée d'un grand vacarme de trompettes et de tambours. Réunis dans cette pièce pleine de fumée de tabac où nous imaginions l'avenir avec une impatience passionnée, rien ne pouvait être plus éloigné de nous que le spectacle qui se déroulait dans la rue. Marx avait raison : la religion était l'opium du peuple. Des gardes civils en uniforme de gala, le fusil à l'épaule et coiffés du tricorne verni, protégeaient le trône baroque surmonté de l'effigie de Jésus-Christ crucifié. L'odeur des cierges et celle de l'encens qui brûlait dans les cassolettes posées sur les bards montaient jusqu'à nous. En tête de la procession, les autorités de la Phalange et de la municipalité marchaient du même pas que les prêtres, affichant l'alliance du pouvoir politique et de l'Église avec autant d'impudeur que le dictateur lorsqu'il entrait dans une cathédrale sous un dais.

Cinq ou six ans après cet après-midi de vendredi saint, en 1979, la municipalité de notre ville était dirigée par un maire socialiste, le premier depuis la guerre civile. C'était un homme aux cheveux blancs, l'air paisible, un peu voûté, le tailleur chez qui ma famille commandait nos costumes pour les cérémonies : mariages et enterrements. Il s'appelait José Gámez et, quand j'étais enfant, il était entouré d'une confuse légende de persécution politique. Il portait autour du cou le mètre ruban avec lequel il prenait les mesures et, quand elles vous effleuraient, ses mains avaient la douceur de la craie de tailleur qui lui servait à tracer des marques sur les morceaux de tissu. Qu'un homme d'allure aussi douce et discrète ait pu être emprisonné et arrêté de temps à autre par la police était une de ces incongruités qui surprenaient mon imagination d'enfant. Il « avait des idées », disaient les adultes. Ils le disaient sur un ton dont nous ne savions pas s'il était admiratif ou apitoyé, mais qui évoquait le danger.

Le dernier maire franquiste d'Úbeda avait été un gros riche plein d'assurance, circulant dans la ville à l'arrière de sa propre Mercedes, conduite par un chauffeur qui était aussi son domestique. À nous autres, ce gros paraissait *immensément riche*, comme on disait alors, moins une personne concrète qu'une représentation symbolique dessinée à gros traits, comme les millionnaires en frac et haut-de-forme des caricatures. Voir en 1979 José Gámez devenir maire, lui qui de tout temps avait été notre tailleur, avec ses costumes élimés et ses épaules tombantes, était un signe indiscutable qu'en dépit de toutes les incertitudes, quelque chose changeait vraiment en Espagne. Une de ses premières décisions, quand il prit ses fonctions, fut de décrocher le crucifix dans son bureau et d'annoncer qu'en application de la séparation de l'Église et de l'État il n'y aurait plus de représentants de la municipalité aux processions de la semaine sainte.

José Gámez, socialiste austère, républicain laïque qui jamais ne voulut toucher d'indemnité en tant que maire et qui tous les matins se rendait à pied à la mairie depuis la maison modeste où il avait toujours vécu, accomplit les quatre années de son mandat et ne se représenta pas aux élections suivantes. Il avait passé sa vie à attendre le retour de la démocratie et à conserver une dignité solitaire au long des années noires de la tyrannie, mais quand arriva la démocratie et que son parti passa de l'illégalité au pouvoir en un temps très court, José Gámez découvrit qu'il n'y avait pas de place pour les gens comme lui. Le nouveau maire, socialiste lui aussi mais beaucoup plus jeune, n'attendit pas longtemps pour rétablir dans toute son ancienne solennité la participation de la municipalité aux processions : pas seulement celles de la semaine sainte, mais aussi celle de la Fête-Dieu et celle de la Vierge, patronne de la ville.

30

Le maire socialiste de Grenade, ce professeur qui, un mandat après l'autre, retardait son retour à l'université, se mettait en costume de gala avec une chaîne dorée autour du cou, pour monter jusqu'à l'abbaye du Sacromonte, en tête du conseil municipal, et embrasser avec onction le coffret des reliques de San Cecilio, évêque et martyr apocryphe du IVe siècle, patron de la ville. Un siècle avait passé et le conseil municipal au grand complet continuait traditionnellement d'offrir une messe d'action de grâces à la Vierge de las Angustias, dont apparemment la protection avait épargné à la ville de Grenade les conséquences du tremblement de terre qui avait ravagé une partie de la province, sans doute celle ne jouissant pas d'une protection mariale particulière. Le dirigeant socialiste andalou José García de la Borbolla déclarait lors d'une campagne électorale que, s'il était élu maire, son plus grand bonheur serait de présider la procession de la Fête-Dieu. Comme autrefois le généralissime Franco, le roi Juan Carlos Ier s'agenouillait tous les ans dans la basilique de Saint-Jacques-de-Compostelle devant la statue de l'apôtre, patron de l'Espagne depuis sa participation miraculeuse aux batailles médiévales de la Reconquête chrétienne en tant que *Santiago Matamoros*[1]. Les conseillers municipaux communistes de Málaga se déclaraient partisans de l'insoumission au service militaire mais en même temps protestaient parce que les soldats de la Légion ne défilaient plus autour des trônes de la semaine sainte. Et la télévision publique andalouse commença de retransmettre en direct et sans relâche les processions, ce que n'avait pas fait la télévision franquiste.

La tradition intégriste espagnole avait proclamé des siècles durant que la religion catholique était l'un des piliers de l'identité nationale. La dissidence politique était assimilée à une hérésie. Au XIXe siècle, être libéral et défendre la séparation de l'Église et de l'État ou la liberté des cultes revenait à être moins espagnol, ou carrément à ne l'être pas du tout. Certains des progressistes les plus énergiques s'étaient consacrés à limiter l'influence de l'Église et de la religion catholiques dans tous les domaines de la vie : affranchir l'éducation du pouvoir des ordres religieux et imposer la primauté des lois civiles. Par définition, une culture démocratique devrait être laïque, et un pays souverain ne devrait pas accepter l'hégémonie d'une confession religieuse, quels que soient la quantité de ses fidèles et le nombre des siècles d'enracinement qu'elle brandit pour exiger des privilèges. Que la droite espagnole ne se soit pas débarrassée de sa révérence servile envers l'Église ou de son enthousiasme pour ses rituels, il n'y a là rien d'étrange. Que la gauche les embrasse avec une telle ferveur a été l'une des grandes surprises que nous a prodiguées le changement d'époque.

1. Littéralement : saint Jacques tueur de Maures.

La religion n'était plus l'opium du peuple. Désormais elle faisait partie des cultures vernaculaires, des identités collectives immémoriales qu'il était impératif de sauver et de préserver, et même d'inventer en cas de besoin, et littéralement à tout prix parce que l'argent public qui avait commencé de couler à flots pour financer une multitude de simulacres, fêtes, cérémonies, solennités et anniversaires, avait été consacré à payer aussi les factures grandissantes des célébrations catholiques. Par lâcheté idéologique, par manque de véritable conviction laïque, par opportunisme électoral, la gauche au pouvoir s'est rendue complice des pompeuses liturgies de l'Église, elle a aidé et renforcé l'invasion religieuse des espaces publics. À Grenade, vers le milieu des années quatre-vingt, un conseiller communiste entiché de pompes baroques inventa une *offrande florale* à la Vierge de las Angustias : un certain jour, en septembre je crois, particuliers, institutions, ordres professionnels, confréries, écoles, équipes sportives apportaient des bouquets et des couronnes de fleurs dont se couvrait peu à peu toute la façade de la basilique de la Vierge. L'enthousiasme des médias fut instantané : les journaux de la ville invitèrent à participer au rassemblement et publièrent en première page les photos des offrandes ; les stations de radio le retransmirent en direct. Au bout de deux ou trois ans, cette initiative était devenue l'une des traditions de la ville. Le journal l'imprimait, les speakers de télévision et de radio le disaient : « la traditionnelle offrande à la Vierge de las Angustias ».

Dans un pays étouffé durant des siècles par l'omniprésence de l'Église catholique, il eût été urgent de trouver une pédagogie visuelle qui marquerait une séparation calme et tranchée entre la religion et la vie civique. Mais on voit toujours, après des années, les représentants de la souveraineté populaire marcher d'un pas solennel devant les crucifix et les vierges, assister à des messes, réciter des actes de foi et des rogations, solliciter en public la protection divine ; comme si en Espagne il n'y avait pas d'autres croyants que ceux de la religion catholique, comme s'il n'y avait que des croyants. Et maintenant que nous sommes en faillite et que l'argent manque pour payer le strict nécessaire, il faudrait calculer combien d'argent public a été dépensé depuis 1979 pour le faste des semaines saintes, Fêtes-Dieu, Rocíos de Doñana et autres offrandes florales, pour financer les nouveaux manteaux brodés de la Vierge ainsi que de nouvelles processions, pour transmettre en direct à la télévision officielle les défilés de toutes les confréries, sans exception.

Mais peut-être que tout ceci n'est rien comparé à l'argent que reçoivent les collèges religieux ; sous le carnaval de toutes ces bienheureuses fêtes et traditions catholiques se dissimule l'une des plus grandes spoliations, l'un des plus grands scandales de la démocratie espagnole : c'est par de l'argent public que l'enseignement religieux est subventionné à cent pour cent ; les écoles religieuses privées sont alimentées par les impôts de tous et non par les contributions des croyants qui souhaitent élever leurs enfants, chacun dans sa propre confession. Les fonds qui, appartenant à tous, devraient financer l'enseignement public, vont conforter les prérogatives et l'éducation religieuses.

31

Désormais la religion devenait une partie intégrante de notre culture, un signe d'identité que seuls les plus sombres rabat-joie se hasardaient à mettre en cause. Et les signes d'identité, il fallait les rechercher où qu'ils soient, les exhumer, les récupérer, les reconstruire.

Il y eut un moment, au cours de ces années, où la culture cessa d'être quelque chose qu'on acquérait par un effort personnel, on en vint à penser qu'elle était la sphère collective au sein de laquelle on naissait ; elle n'était plus un projet mais un destin, un retour à la communauté d'origine et non une émancipation solitaire, un repli derrière des frontières plutôt qu'une ouverture sur le monde. C'est tout au long de sa vie qu'on se construit une culture personnelle, au prix de beaucoup d'efforts et d'opiniâtreté, comme on acquiert la maîtrise d'un instrument de musique ou d'une langue étrangère ; en revanche pour posséder une culture autochtone il suffit d'être né en son sein. En d'autres temps la droite avait cru à l'essence, la gauche au devenir ; la droite à l'originel et à l'inamovible, la gauche à ce qui se construit par le mouvement, à ce qui peut être amélioré. La droite, depuis le romantisme allemand, avait célébré l'autochtone, la gauche l'universel ; la droite la fidélité à la terre et au sang, la gauche l'internationalisme et la citoyenneté planétaire.

C'est parce que nous étions rebelles que mes amis et moi voulions partir au plus vite de notre terre natale et si possible ne jamais y retourner, apprendre d'autres langues, nous mêler à des inconnus, perdre l'accent provincial qui nous dénonçait, échapper aux traditions presque toujours ecclésiastiques qui nous avaient accablés depuis l'enfance. La fierté de ce qui est autochtone nous semblait un signe infaillible de stupidité qui, pour nous, était aussi étranger et digne de moquerie que la rhétorique périmée des jeux floraux, ou la mode de ces autocollants vulgaires qu'on affichait sur la lunette arrière des voitures : *Zoi andalú, casi ná, No me toques el pito que me irrito,*

De Madrí al cielo, Viva a Santiña, Covadonga, cuna de España[1].

Pas de démonstration folklorique qui ne nous semblât effrayante et associée à la crasse arriérée de la dictature : chœurs et danses, cornemuses, castagnettes, costumes régionaux, chapeaux de Cordoue, n'importe quelle coiffure traditionnelle. Non sans étonnement, nous découvrions peu à peu, à partir de l'avènement de la démocratie, que toute cette quincaillerie était de retour, convertie en culture populaire ; ce qui désormais était bon n'était plus de partir mais de rester, et au besoin de revenir et de célébrer comme authentiquement nôtre cela même qui peu de temps auparavant nous semblait une lamentable antiquaillerie.

« Oublieux du fait que je l'étais déjà, je désirai être argentin », dit Borges en se rappelant la ferveur nationaliste de son premier retour à Buenos Aires. Jusque-là, nos aspirations avaient été des plus diverses et presque toujours chimériques : être étrangers, écrivains, apatrides, séducteurs de femmes, militants communistes, correspondants internationaux, citoyens libres. À aucun moment il ne nous a traversé l'esprit que nous devions nous efforcer d'être andalous ni de l'être d'une manière précise, obligatoire ; pas plus que de voir notre origine, outre quelque vague fidélité sentimentale, nous dicter une identité politique incontestable, ou qu'elle pût être source de fierté.

1. *Chui zandalou, un point c'est tout, Touche pas ma boule ou je t'écroule, De Madrid jusqu'au ciel…, Vive Santiña, Covadonga berceau de l'Espagne.*

32

Il est étrange qu'une gauche héritière du laïcisme de la Deuxième République ait épousé avec une telle ferveur les célébrations de l'Église catholique et accepté si servilement de respecter chacun de ses privilèges, non seulement en lui concédant la maîtrise d'une partie de l'éducation, mais en outre en la payant pour l'exercer au détriment de l'instruction publique. Mais il est plus étrange encore qu'issue de la double tradition de l'universalisme des Lumières et de l'internationalisme ouvrier, la gauche se soit convertie si vite, si complètement, à la superstition nationaliste au travers des collectivités régionales et de leur identité.

Il ne s'agit pas de la défense légitime d'une langue ou d'une certaine forme de gouvernement. Pour aimer une langue, pour défendre sa pérennité et sa vitalité, il n'est pas besoin de la considérer comme l'émanation de l'âme d'un peuple, ni même de croire aux âmes et aux peuples. Aujourd'hui, personne ne veut s'en souvenir mais dans les années soixante-dix, avant et après la mort de Franco, toute la résistance espagnole était favorable à l'autonomie de la Catalogne, du Pays basque et de la Galice. Nous y aspirions comme à une part de notre liberté commune. Le slogan : « Liberté, Amnistie, Statut d'autonomie » ne retentissait pas qu'à Barcelone. Certains des souvenirs les plus forts que beaucoup d'entre nous gardent de cette période sont les concerts de Raimon, de Lluís Llach et de Pi de la Serra. Lors d'un récital de Lluís Llach à Grenade, en 1977, on agitait beaucoup plus de drapeaux catalans qu'andalous, en partie parce qu'à cette époque très peu de gens réclamaient un statut d'autonomie pour des territoires autres que ceux qu'on appelait alors, à l'exclusion des autres, *les Nationalités*, c'est-à-dire la Catalogne, le Pays basque et la Galice. Et je me souviens aussi combien nous étions bouleversés par l'annonce des excès et des tortures au Pays basque durant l'état d'exception qui y fut décrété en 1974.

Dans la culture espagnole de l'antifranquisme, tout était imprégné de l'aura de la Catalogne et de Barcelone. Nous écoutions des disques en catalan, assistions en masse à des concerts en catalan comme aux représentations théâtrales des compagnies catalanes. Je me rappelle la première fois que j'ai entendu *Al vent* aussi nettement que celle où j'ai écouté *Blowin'in the Wind*, avec la même émotion de clandestinité et de rébellion. Les plus enclins à la contre-culture lisaient des bandes dessinées et écoutaient des disques de rock qui arrivaient de Barcelone. Dans ma province de Jaén, il n'y avait pas de famille campagnarde qui n'eût un parent travaillant en Catalogne. Ces années-là, aller à Barcelone en empruntant des trains partis du Sud et qui roulaient une nuit entière plus une grande part de la journée, c'était ressentir par avance l'étourdissement physique de la liberté, et pas seulement de la liberté politique. Nous, les lecteurs de l'hebdomadaire *Triunfo*, qui nous a formés presque toujours pour le meilleur mais aussi parfois pour le pire, nous connaissions de près le catalanisme progressiste de Jordi Solé Tura, d'Alfonso Carlos Comín, de Manuel Vázquez Montalbán. Et ceux d'entre nous qui avaient une vocation pour la littérature découvraient avec surprise et soulagement la hardiesse d'une langue espagnole des frontières, donc imprégnée de catalan, dans les romans de Juan Marsé, puis dans ceux d'Eduardo Mendoza et dans les poèmes de Jaime Gil de Biedma, une langue moins rigide et moins rhétorique, teintée de l'espagnol si libre des romans d'Amérique latine. C'était notre propre langue, et en partie une autre. L'autonomie de la Catalogne et la pleine liberté d'usage du catalan étaient une part inséparable de notre ambition commune de libertés civiques. Nous ne nous solidarisions pas avec la cause des autres : c'était la même cause que nous partagions.

33

Je me laisse emporter par l'écriture. L'acte même d'écrire libère les souvenirs en même temps que les arguments. L'impatience de comprendre le présent, d'essayer de me l'expliquer, fait émerger des fragments du passé. En mars 1974, j'ai été arrêté et emprisonné pendant quelques jours dans les cachots de la Direction générale de la Sécurité pour avoir participé à une manifestation contre la condamnation à mort de l'anarchiste catalan Salvador Puig Antich. Durant des semaines, à mesure qu'approchait l'exécution de la sentence, les protestations s'étaient répétées, une vague de rage et d'incrédulité s'était répandue de toutes parts. Dans la presse, malgré la peur (le gouvernement pouvait interdire un journal du jour au lendemain), beaucoup de choses se publiaient déjà. *Triunfo* et *Cambio 16* sortaient toutes les semaines, les *Cuadernos para el diálogo* tous les mois. Nous les antifranquistes achetions quotidiennement *Informaciones*. Dans chacun de ces titres paraissaient des protestations, voilées ou explicites, contre cette exécution. Même Camilo José Cela écrivit un article contre la peine de mort, je me souviens qu'il était clair et courageux. À la cité universitaire de Madrid, des centaines de personnes bloquaient la circulation sur l'avenue Complutense. Des hélicoptères et des policiers à cheval nous dispersaient. Les plus maladroits ou les plus ahuris, dont j'étais, n'allaient pas bien loin. Le cachot où l'on m'enferma était bondé de gens arrêtés pendant la manifestation. Une sourde clameur civique s'élevait contre la bestialité de la dictature, qui fit exécuter le même jour et à la même heure Puig Antich et un pauvre condamné de droit commun, un Polonais dont je me rappelle le nom : Heinz Chez. Ce nom surgit intact dans ma mémoire après presque quarante ans d'oubli.

J'ai vu il y a quelque temps à la télévision un film tourné en 2006 sur Puig Antich : *Salvador*. Quelque chose a attiré mon attention : dans ce film, les seules protestations qui étaient présentées se déroulaient en Catalogne. Les victimes (les bons) étaient catalanes et parlaient catalan. Les policiers, les militaires, les bourreaux parlaient espagnol. Ce n'était plus une histoire de fascisme et d'antifascisme, mais d'Espagnols contre Catalans. Ou, plus précisément : être espagnol *et* fasciste était aussi congénital que d'être catalan *et* exempt de complicité avec la dictature. Personne ne faisait preuve de la moindre humanité s'il n'était explicitement catalan. Nous autres, les manifestants qui en ce mois de mars criaient et couraient dans Madrid poursuivis par les chevaux et surveillés du ciel par les hélicoptères de la police, n'avions pas existé. Pas plus que ceux qui, hors de Catalogne, avaient risqué leur liberté pour avoir écrit des articles et signé des manifestes. Dans le film, les gardiens de prison, les policiers qui interrogeaient et torturaient Puig Antich avaient un accent andalou caricatural.

D'abord, il devint compatible d'être de gauche et nationaliste, plus tard cela devint obligatoire. Donc, se déclarer non nationaliste devenait une preuve d'appartenance à la droite. Il suffisait d'émettre calmement la moindre objection aux nationalismes devenus hégémoniques pour être traité de facho ou de fasciste dans une progressive dévalorisation des mots, dans leur abâtardissement.

Je n'ai rien contre les nationalismes, de même que je n'ai rien contre la religion, ou contre le créationnisme. À chacun ses croyances. Seulement je préfère être protégé par des lois qui privent les adeptes de toutes les croyances du pouvoir de me les imposer. Après un voyage en Irlande, Borges nota poliment que les Irlandais vivaient « dominés par l'étrange passion d'être en permanence irlandais ». Que les nationalistes vivent dominés par la mythologie patriotique de leurs origines et par l'obsession de la pureté, la chose est compréhensible. Que la gauche non seulement les soutienne à la première occasion, mais qu'en outre elle les imite dans chacun de leurs délires, s'efforçant même de les dépasser, est une énigme que par lassitude j'ai renoncé à m'expliquer.

Les systèmes de croyances totalitaires sécrètent des défenses qui désamorcent l'adversaire avec le même automatisme que les anticorps ou les épines et substances toxiques des plantes. Je ne parle pas par ouï-dire, je le sais par expérience personnelle. Pendant quelques années, j'ai vécu moi aussi vacciné contre toute objection que l'on pouvait opposer à l'idéologie marxiste ou aux régimes communistes. Si après bien des contorsions mentales je leur reconnaissais un manque ou un défaut, j'en attribuais immédiatement la faute à l'ennemi. Sans l'agression et le harcèlement des puissances capitalistes, l'Union soviétique n'aurait pas été contrainte de se replier dans le stalinisme. Peut-être se commettait-il quelques abus à Cuba mais la faute en était au blocus des États-Unis. Au Pays basque, après la fin de la dictature, après l'amnistie de 1977, les patriotes armés tuaient plus souvent et avec plus d'acharnement que jamais, mais même ainsi ils étaient innocents du sang répandu : la faute retombait sur les victimes elles-mêmes, agents et complices de l'oppression.

De sorte qu'il est inutile de prendre au sérieux les idées de vos contradicteurs : leur simple position démontre qu'ils sont dans l'erreur. Un croyant ne peut pas concevoir qu'honnêtement une personne saine d'esprit ne soit pas croyante comme lui. Quiconque est en désaccord avec les nationalismes des régions sera irrémédiablement un nationaliste espagnol. Et presque personne n'est prêt à assumer cette stigmatisation. Ne pas être nationaliste en Espagne, c'est presque pire que d'être rabat-joie.

Il existe des nationalistes espagnols, bien entendu, et s'ils peuvent être fort déplaisants ce n'est pas en tant qu'Espagnols mais précisément en tant que nationalistes : parce qu'ils reproduisent, comme dans un miroir, les attitudes de leurs adversaires avec une intransigeance symétrique ; parce qu'ils partagent avec eux le fétichisme de l'origine, l'obsession de la pureté de sang, la croyance religieuse en un peuple irréprochable et héroïque, resté identique à lui-même depuis la préhistoire en dépit du harcèlement infatigable de ce confortable ennemi, responsable de tous ses malheurs et qui réunit dans son altérité radicale toutes les formes d'infériorité et de bassesse.

Le franquisme avait répandu une image bigote, militariste et folklorique de l'Espagne, héritée de la tradition réactionnaire du XIXe siècle, complétée par un vernis sommaire de fascisme du XXe, italien plus qu'allemand. Mais ses racines vraiment profondes étaient plus anciennes, issues de la manie espagnole de la pureté de sang, une pureté paranoïaque définie par la négation non pas seulement des autres – juifs, musulmans, hérétiques – mais aussi d'une partie de nous-mêmes, celle que le voisinage et la parenté avaient inévitablement contaminée. On pouvait expulser les musulmans et les juifs comme on pouvait brûler les hérétiques, mais ni l'expulsion ni le bûcher n'effaçaient la conscience intime d'une cohabitation qui avait duré trop de siècles pour que quiconque fût exempt de métissage.

Bénis par le pape Pie XII comme les héros d'une nouvelle croisade, rien de moins, les mutins de 1936 se trouvèrent pratiquer une victoire chirurgicale, un patriotisme par amputation. Au XVIe siècle, le judaïsme avait cessé d'être une religion pour devenir une contamination héréditaire du sang. Une personne peut changer de credo religieux. Un juif se fait chrétien et, dès son baptême, il appartient à sa nouvelle communauté. Mais si l'on porte le judaïsme ou l'hérésie dans son sang et qu'on les transmet à ses descendants, rien à faire, il n'y a pas de concorde possible.

Dans la rhétorique terrifiante de la guerre civile, une malignité biologique est attribuée à l'ennemi. L'extermination est une chirurgie nécessaire. Il n'y a pas d'autre idée, pas d'autres idées possibles d'un pays où pourtant, de façon logique, se retrouvent des positions très variées, passionnées même. Il y a l'Espagne et l'anti-Espagne, comme dans les théologies apocalyptiques du Christ et de l'Antéchrist. Dans cette division binaire du monde il n'y a de place ni pour les nuances ni pour la possibilité de compromis ou d'arrangement. Tout mélange est une menace et il n'est pas de tache qui ne soit ineffaçable ; toute marque de faiblesse est une lâcheté ; toute tentative d'accord équivaut à une trahison. La caractéristique la plus espagnole des nationalistes dans les régions est la négation puritaine et tranchée de tout ce qui leur semble espagnol, eux qui non seulement rejettent la moindre trace de loyauté à l'Espagne mais nient jusqu'à l'existence de ce pays dont ils ne prononcent jamais le nom, si ce n'est comme une insulte.

34

Avec la formation des communautés autonomes, le mimétisme nationaliste s'installa de toutes parts. Un pays peut s'organiser de manière fédérale ou centralisée, avec des variantes et des niveaux intermédiaires : chaque modèle aura ses avantages et ses inconvénients, et la seule solution pour compenser les uns par les autres est peut-être une démarcation précise entre ce qui est général et ce qui est particulier, une répartition simple et claire des responsabilités dont ni le calcul du coût économique ni l'efficacité opérationnelle ne peuvent être absents. Dans notre pays, il est extraordinaire de constater comme en peu de temps la moindre référence aux valeurs communes fut discréditée ou effacée dans le débat public, tout comme les cartes d'Espagne disparurent des livres de classe et des bulletins météo des chaînes de télévision des autonomies. Une compétition chaotique dans la recherche des différences et des identités eut pour résultat l'unanimité presque parfaite des communautés. Aucune ne pouvait revendiquer une histoire ou une préhistoire moins ancienne qu'une autre, aucune ne méritait moins de prérogatives et de pouvoirs. Et partout, à l'imitation de la Catalogne et du Pays basque, on entretenait le mythe d'un paradis originel, d'une communauté primitive qui avait su rester identique à elle-même après des siècles tout en s'ouvrant au monde extérieur et en s'adaptant aux mutations des temps modernes – mais qui, un jour, avait subi l'invasion espagnole, cause de ses malheurs et de sa captivité dont très bientôt elle émergerait, libérée. Une des pires perfidies de l'envahisseur avait été la destruction de la culture autochtone ; la retrouver était une des tâches les plus urgentes de la construction nationale.

Des peuples heureux habitaient chacun leur coin privilégié de la terre jusqu'à l'arrivée des brutaux Espagnols. Dans le passé ces peuples avaient déjà victorieusement résisté à la romanisation : les Cantabres, les Astures, les Vascons, les ancêtres celtes des Galiciens. Les Guanches des Canaries étaient grands et blonds, valeureux mais aussi pacifiques. Les Espagnols exercèrent contre eux leur habituel penchant pour le génocide, mais néanmoins les Canariens d'aujourd'hui restent les descendants des Guanches, pas des Espagnols, ce qui leur confère la pureté de sang, même au prix d'une incohérence du mythe. L'Andalousie, elle, remonte à la prospère civilisation de Tartessos, mais nous autres Andalous sommes aussi les héritiers des musulmans du Moyen Âge, si évolués qu'ils bénéficiaient de bains publics et de bibliothèques alors que dans d'autres contrées c'est à peine si l'on sortait des grottes et des huttes, si tolérants qu'ils furent les inventeurs du multiculturalisme, célébrant la cohabitation entre juifs, musulmans et chrétiens – les trois cultures – ce qui aujourd'hui encore fait d'eux un exemple pour le monde.

Il n'est pas de mérite qui ne sorte consolidé de la comparaison avec les défauts des autres : le cosmopolitisme catalan gagnera en éclat par contraste avec la rudesse de la Meseta ; les sultans andalous habitaient des palais de marbre et se baignaient quotidiennement dans une eau parfumée de jasmin tandis que les rois de León vivaient dans de rudes châteaux au sol jonché de fumier et de paille. Dommage que nous ayons été envahis par les barbares armées castillanes qui, en 1492, révoquèrent *manu militari* l'heureuse autodétermination de l'Andalousie, nous imposant tous nos malheurs actuels, entre autres les latifundia et l'arriération économique, etc.

Chaque patrie séculairement offensée a besoin d'une déroute qui s'apparente à un sacrifice et comporte donc une promesse de rédemption. La prise de Grenade en 1492 par les Rois catholiques joue le même rôle que la déroute du héros catalan Rafael Casanova en 1714 et que celle des patriotes serbes à la bataille du Kosovo en 1389 ; mais aussi le roi Amfortas dont la blessure ne cesse de suppurer, le malheur qui assure l'unité sacramentelle d'un peuple préférant le suicide collectif à la soumission, Blas Infante assassiné dans le fossé d'une route au début de la guerre civile et Companys livré à Franco par la Gestapo.

Les drapeaux changent ainsi que les époques, le nom du peuple sacrifié et celui de l'ennemi, mais non le drame exemplaire, notre saisissement d'apprendre ce que nos ancêtres ont fait pour nous : dans l'école où j'allais durant mon enfance, l'Espagne éternelle se voyait sublimée autant dans le martyre de José Antonio Primo de Rivera que dans la résistance de Sagonte contre les Carthaginois et dans celle de Numance contre les Romains. Quand les curés basques comparaient les terroristes morts ou emprisonnés à Jésus-Christ crucifié, ils répétaient le plus sordide des commandements du nationalisme : distordre les faits historiques pour les adapter à un lyrisme religieux de la célébration du sang.

Le courage patriotique poussé jusqu'au sacrifice personnel réalise la transmutation mystique de la déroute en rédemption. La déroute sacralisée nécessite remémorations et cérémonies, drapeaux, couronnes de fleurs et flammes éternelles. Faire la moindre objection à ces épanchements émotionnels, c'est être complice de l'outrage subi et prendre le parti des agresseurs. À tout moment, le sacrifice sera actuel ou sur le point de l'être, comme l'histoire est une répétition du présent éternel de la mythologie. On nous racontait à l'école qu'à l'Alcázar de Tolède le colonel Moscardó avait accepté la mort de son propre fils avant de se rendre, exactement comme Guzmán el Bueno, bien des siècles auparavant, avait lancé du haut des remparts de Tarifa son propre poignard aux assiégeants maures menaçant d'égorger son fils s'il ne rendait pas la ville. À Saragosse en 1808, la résistance et l'immolation avaient été identiques à celles de Sagonte et de Numance. Que l'armée d'invasion soit carthaginoise, romaine ou napoléonienne était aussi secondaire que le nombre de siècles écoulés. La guerre civile avait été une réitération des Croisades et de la Reconquête. C'est en raison de leur essence, aussi espagnole que celle des Numantins du IIe siècle avant Jésus-Christ et des Saragossins de 1808, que les gardes civils, assiégés par les milices républicaines en 1936 dans le sanctuaire de la Vierge de la Cabeza, se comportèrent avec un courage similaire, préférant la mort à la reddition.

Pas un événement du passé qui ne puisse préfigurer le présent, et notre essence actuelle provient d'un lignage jamais interrompu. Les Morisques qui se soulevèrent en 1571 dans les Alpujarras étaient des Andalous précocement révoltés contre le centralisme de Madrid. Les peintures rupestres néolithiques des grottes du Levante sont une démonstration de la créativité artistique valencienne, la même qui rayonne aujourd'hui.

Le néolithique ou le paléolithique jouissent en général d'un grand prestige dans les légendes nationales : une histoire d'Espagne récente porte comme sous-titre : *D'Atapuerca à l'euro*. L'Espagne était déjà l'Espagne bien avant qu'il n'y eût des Espagnols, même des centaines de milliers d'années avant l'émergence de l'*homo sapiens*. Plus modestement, l'avant-dernier président du gouvernement basque faisait remonter l'ancienneté de son peuple au néolithique. Quand on appelle *gudari*[1] un pistolero qui a tué d'une balle dans la tête un homme désarmé buvant un café ou venant d'acheter son journal, on ne fait pas que l'assimiler aux volontaires basques de la guerre civile : dans un présent identique au passé proche ou lointain, le pistolero d'aujourd'hui *est* le *gudari* de 1936 mais aussi l'un de ces Basques qui jamais ne se soumirent aux légions romaines.

35

Dolorisme et narcissisme sont les deux traits du *nous* intact que les classes politiques, ainsi que leurs admirateurs et leurs serviteurs intellectuels, ont exalté dans chaque communauté, proscrivant ou laissant en marge non seulement toute référence à un cadre politique commun, mais à presque toute notion adulte de citoyenneté. Le lieu de naissance n'est pas une donnée accidentelle mais un signe du destin et un motif de fierté. Sans autre effort que celui d'être nés quelque part, nous possédons déjà le privilège d'une origine d'exception, qui de plus permet confortablement de nous compter au nombre des persécutés, des victimes et des héros, sans nécessité de subir personnellement la moindre souffrance.

S'il nous manque quelque chose, c'est parce qu'*eux* nous l'ont pris, eux les oppresseurs étrangers ; si quelque chose va mal, ce sont eux les responsables. Eux, ils brûlaient les hérétiques, envahissaient l'Amérique, exterminaient les Indiens, les spoliaient de leurs terres comme ils nous avaient spoliés des nôtres, étaient xénophobes et sexistes, pratiquaient la traite des esclaves, manquaient

1. En basque : jeune soldat.

de conscience écologique, ne changeaient pas de linge. Et pendant ce temps-là notre peuple qui a toujours chéri la paix mais n'a pas hésité à prendre les armes lorsqu'il était agressé, qui a toujours accueilli cordialement l'étranger mais n'a jamais perdu ni laissé se diluer ses particularités, a parlé la langue la plus ancienne du monde, a créé les circuits commerciaux les plus modernes et prospères de toute la Méditerranée, a décoré les grottes d'Altamira, a inventé cette merveille unique de communication qu'est le sifflement canarien, a forgé les premiers échantillons écrits de la langue castillane, a cultivé avec le même succès les arts les sciences l'irrigation et les sports, a vécu en harmonie avec la nature, a construit la mosquée de Cordoue, l'Alhambra, la Sagrada Familia, la cathédrale de Saint-Jacques-de-Compostelle et les monuments mégalithiques de Majorque, a été considéré comme le plus hospitalier de la terre, a conservé des chemins de pèlerinage datant d'avant l'empire romain, a toujours manifesté un respect particulier pour la dignité de la femme et peut-être même pour les droits des minorités ethniques et sexuelles, a pratiqué déjà dans des temps très anciens des modes de vie communautaires et démocratiques, a élevé des races de poules d'ânes et d'abeilles si singulières qu'elles n'existent nulle part ailleurs et n'ont bien entendu rien à voir avec les médiocres races de poules d'ânes et d'abeilles espagnols, a préservé ces traditions qui par bonheur sont encore vivaces, ou que peut-être il a fallu sauver de l'oubli où elles étaient tombées à cause de la malveillance des occupants : danses, chants, coutumes, vêtements, recettes de cuisine, courses de taureaux, cultes marials, sports autochtones qui par leur splendeur et leur authenticité sont uniques au monde.

Que la plupart de ces traditions ancestrales aient été inventées, comme dans le reste de l'Europe, vers la seconde moitié du XIXe siècle, si ce n'est dans le XXe bien entamé, n'a aucune importance. Ce qu'un historien appelle « l'envieillissement du présent » correspond à une vision flatteuse du temps, permet de souffrir encore, comme si elles étaient récentes, d'offenses qui, si elles ont été bien réelles, ont été subies par d'autres il y a des siècles, mais permet aussi de célébrer comme nôtres (et d'en tirer fierté) les progrès ou les succès d'inconnus morts depuis des milliers d'années et qui néanmoins font partie de ce *nous*, moitié publicitaire et moitié mystique, du narcissisme collectif.

36

Il faudrait cataloguer chacun des slogans que les « créatifs » de la publicité ont inventés au cours de toutes ces années dans le but exclusif – outre celui d'empocher une grande quantité d'argent public – de fortifier ce sentiment d'appartenance, ce *nous* emphatique fondé sur la complaisance et le rejet, qui neutralise la critique et rend impossible n'importe quel projet de grande envergure qui serait profitable à tous.

Il y a quelques années, à la télévision et dans la presse sur des pages entières, était diffusée une campagne publicitaire dont on ne sait si elle surprenait plus par son vide parfait que par le montant total des sommes déboursées par le gouvernement régional : *Nous sommes l'Estrémadure.* (Une brève recherche sur Internet dissipe ces deux incertitudes : la campagne a coûté 4,6 millions d'euros ; sa signification est élucidée, non sans ferveur, par un probable expert en communication audiovisuelle : « L'objectif principal est d'exposer l'excellence de la communauté autonome, non seulement pour le tourisme responsable, mais aussi pour l'économie du développement durable et le compromis avec le milieu ambiant. De fait, dans la crise que nous vivons, l'Estrémadure se positionne comme un solide exemple à imiter, fondé sur une croissance engagée et durable, basé sur l'équilibre atteint entre ses variables. Cette philosophie est la marque de l'identité de l'Estrémadure dont l'image intègre non seulement le charme de ses villes et de son peuple, mais les constantes émotionnelles qui sont les marqueurs de notre région. » Peut-être cette campagne s'était-elle inspirée d'une autre, catalane, des années quatre-vingt : *Nous sommes six millions*. Même la télévision de l'impraticable entéléchie régionale de Madrid opta pour la ferveur du « nous » : *Miroir de ce que nous sommes*. Étant donné le caractère grotesque d'une partie des programmes de cette télévision et des grosses têtes politiques qui s'y affichent, il s'agit sans doute des miroirs déformants de la Ruelle du Chat évoqués par Valle Inclán.

37

Pourtant, même les slogans publicitaires les plus creux pâlissent face aux envolées poétiques découvertes dans les préambules des statuts d'autonomie, genre littéraire injustement condamné à l'anonymat et qui a reverdi dans un lointain passé vieux de quelques années lorsque le nouveau statut de la Catalogne a répandu dans les classes politiques des autres communautés l'urgence de ne pas être en reste. George Orwell disait qu'une langue devient laide et imprécise lorsqu'elle transmet des pensées stupides, mais que c'est la négligence dans l'usage de la langue qui génère la stupidité. Il faut s'en remettre à Orwell avant de lire les paragraphes suivants extraits des nouveaux statuts d'Andalousie, d'Estrémadure, d'Aragon, de Catalogne et de Castille et Léon.

> *L'Andalousie, au long de son histoire, s'est forgé une forte et robuste identité qui lui confère en tant que peuple un caractère singulier, assis depuis des temps millénaires sur un territoire géographique différencié, espace de rencontres et de dialogues entre diverses civilisations [...] L'Andalousie a recueilli un riche trésor culturel par la confluence d'une multiplicité de peuples et de civilisations, fournissant un exemple débordant de métissage humain à travers les siècles. L'interculturalité des pratiques, des habitudes et des modes de vie s'est exprimée au long des temps au-dessus d'une unité de fond qui sublime la pluralité historique et se manifeste dans un patrimoine culturel matériel et immatériel, dynamique et changeant, populaire et savant, unique parmi les cultures du monde.*
>
> *Dans les deux vallées du Tage et du Guadiana, depuis les grottes préhistoriques jusqu'aux pôles technologiques, s'est écrite en silence la chronique d'une volonté de sentir, de penser, d'être au monde et d'y résider. Une tâche que les peuples qui ont forgé l'Estrémadure...*
>
> *Le royaume d'Aragon est la référence d'une longue histoire du peuple aragonais qui durant des siècles donna nom à la Couronne d'Aragon et contribua à son expansion. Marque de l'identité de son histoire, le Droit des Chartes, basé sur les Droits originels, est le fidèle reflet des valeurs aragonaises d'entente, de loyauté et de liberté.*
>
> *Il y a onze cents ans s'est constitué le royaume de Léon [...] À cette époque déjà, Léonais et Castillans offraient*

au monde l'exemple du respect de la cohabitation entre les diverses cultures qui peuplaient ces terres, exemple maintes fois attesté dans les Chartes léonaises ainsi que dans les coutumes et les dictons castillans.

La Catalogne s'est construite au long des temps par l'apport des énergies de nombreuses générations, de nombreuses traditions et des nombreuses cultures qui y ont trouvé une terre d'accueil.
Le peuple de Catalogne a maintenu au long des siècles sa constante volonté d'autogouvernement.

38

Autant de crasse verbale répétée durant plus de trente ans entraîne des conséquences pratiques qui sont loin d'être dérisoires. Comparée à cette intégrité originelle du peuple qui a duré des millénaires, la démocratie espagnole, ne remontant qu'à la constitution de 1978, représente à peine un incident administratif privé de toute aura et de l'espèce de légitimité que procurent des antécédents médiévaux ou paléolithiques. Le peuple est une entité mystérieuse, presque biologique, pourvue de traits communs qui l'ont défini de toute éternité ; la communauté politique est un rassemblement instable d'individus liés par des décisions volontaires, poursuivant des buts tellement divers qu'il est rare que se dégage en leur faveur une majorité significative, et encore moins une quelconque unanimité. Le peuple est défini par les hymnes ainsi que par une prose poétique languissante et imprécise ; ce qu'on peut connaître de la citoyenneté doit être déduit de méthodes statistiques pas toujours fiables, de résultats électoraux presque toujours imprévisibles et très vite changeants, d'enquêtes et de recensements. La citoyenneté est fragmentaire ; le peuple lui est un bloc solide qui manifeste sa volonté d'une seule voix, même si nous l'entendons par l'entremise d'interprètes qui y sont particulièrement sensibles : leaders, pères de la patrie, poètes nationaux, etc. On a même vu des voleurs, des escrocs et des assassins affirmer qu'ils obéissaient au mandat du peuple ainsi que des prêtres et des évêques prêts à corroborer ces pouvoirs télépathiques.

Le peuple assure la protection immédiate du collectif et de l'immémorial, la fierté de partager des valeurs ancestrales. En comparaison la citoyenneté n'offre guère mieux que la tempête, et chacun de ses avantages possibles est assujetti aux contraintes de la responsabilité et de l'incertitude.

Chaque membre du peuple se sait investi de la certitude d'une parfaite innocence. Son immersion dans une collectivité anoblie par l'histoire et même la préhistoire, caractérisée par des qualités qui la rendent unique au monde donc exemplaire, lui donne le droit de marcher la tête bien haute avec la tranquillité de qui est à l'abri du doute sur lui-même et sur les siens, de qui est sûr de ses mérites comme l'aristocrate d'autrefois l'était de ses privilèges. Et si quelque chose vient à lui manquer, la raison en est évidente : c'est que les oppresseurs le lui ont enlevé, l'Espagne ou cette entité tentaculaire et centralisatrice appelée Madrid.

Dépourvu de la patine flatteuse de l'ancien, le présent de la citoyenneté a toute la banalité de la vie adulte, on n'y trouve ni la consolation de regretter un paradis originel ni l'espoir d'un avenir de rédemption. Les choses peuvent s'améliorer mais aussi empirer, et la résignation est donc un luxe que personne ne peut se permettre. L'appartenance à la collectivité civique n'est ni génétique ni anthropologique, mais juridique et, sauf dans des circonstances exceptionnelles, elle n'atteindra pas cette température émotionnelle où se forgent et se perpétuent les liens sacrés du peuple. Comme nous-mêmes, nos concitoyens peuvent être honnêtes ou corrompus, bons ou méchants, intelligents ou médiocres, et les lois qui nous régissent n'émanent pas de particularités uniques au monde, ni d'une volonté héroïquement maintenue durant de nombreux siècles ; elles sont le résultat du hasard et de l'entente, de compromis imparfaits, de la discorde, de l'imitation d'autres modèles ; le temps révèle leur éventuelle validité, jamais définitive, et permet de corriger à l'usage certaines de leurs imperfections, pas toutes loin de là, parce que l'intelligence humaine est limitée et parce que, comme s'est chargé de nous le rappeler Isaiah Berlin, dans le monde réel deux buts parfaitement légitimes peuvent être incompatibles.

Le peuple se fortifie dans l'unanimité, ou dans ces juxtapositions d'unanimités et de groupes fermés sur eux-mêmes, qui procurent cette impression de couleur tellement célébrée par les adeptes du multiculturalisme, bien entendu beaucoup moins portés sur la défense du pluralisme. La vigueur de la citoyenneté procède de la capacité individuelle d'être en désaccord, dans laquelle le droit et l'obligation de la critique (et de l'autocritique) sont indissociables. Quiconque naît au sein du peuple ou y est accepté fait partie à jamais de sa substance à moins qu'il ne devienne un traître et mérite d'en être expulsé. Le citoyen peut choisir de renoncer à sa citoyenneté, peut changer de pays par choix, par caprice, par nécessité ou avoir deux pays d'attache, et plus. Son identité n'est pas inscrite dans son sang mais sur quelques documents administratifs – une déclaration de revenus, un certificat de résidence permettant de voter –, dans une somme d'actions concrètes et quotidiennes qui composent la trame de la vie commune et exigent de chacun l'exercice d'une responsabilité irrévocable et inaliénable : des gestes pratiques et non des pétitions de principes ; des attitudes aussi modestes mais aussi décisives que ne pas élever la voix dans une discussion, ne pas jeter de papiers par terre, ne pas choisir une exclamation plutôt qu'un argument et ne pas se taire face à une injustice.

39

Qu'avec une grande conviction certains dirigeants politiques défendent une vision du peuple aussi dépourvue de fondements scientifiques et anthropologiques que discréditée par les savoirs historiques, cela n'a rien d'extraordinaire. Il y a bien des gens pour croire aux horoscopes, au complexe d'Œdipe, à la Sainte-Trinité, à la protection spéciale que la Vierge Marie leur accorde ainsi qu'aux habitants de leur contrée, à l'avènement plus ou moins proche du Jugement dernier ou du paradis communiste. Dans une démocratie libérale, la liberté de pensée et de critique, le sérieux de l'éducation et la pratique du débat offrent en fin de compte certaines garanties de voir la rationalité l'emporter, ou du moins ne pas être muselée ou abolie. Il est plus inquiétant que ces légendes – rédigées en outre dans une prose innommable – se retrouvent consacrées dans des textes qui ont rang de lois fondamentales.

Le pire est de les voir s'imposer comme obligatoires dans le discours politique espagnol et qu'il n'y ait pas, à de très rares exceptions près, de parti qui ne les assume. Il paraît normal qu'un nationaliste soit nationaliste, et qu'un mormon soit mormon. Il l'est déjà moins que socialistes, communistes, libertaires, conservateurs, représentants des minorités sexuelles soient nationalistes, et que non seulement ils le soient mais que très souvent ils s'efforcent de l'être plus et avec plus d'ardeur que les premiers vétérans indépendantistes. Des gouvernements régionaux à majorité socialiste ou conservatrice, non nationalistes, ont approuvé la plupart de ces nouveaux statuts surchargés de références à l'antiquité des peuples, aux chartes ancestrales, aux pères de la patrie, aux cultures et aux langues comme expression d'une espèce d'âme éternelle collective, aux droits exclusifs sur les fleuves, etc.

Le phénomène est devenu si commun que personne ne semble remarquer son étrangeté. En outre il a peu à voir avec le débat politique, juridique et économique sur l'organisation de l'État, fédérale ou non, et sur l'aire géographique des langues officielles, entre autres parce qu'il rend ce débat impossible, en le réduisant à une division de plus parmi celles, si tranchées, dont l'Espagne a le secret : la moindre objection aux modalités, plutôt inconsidérées, qui ont présidé à la décentralisation du pays transforme celui qui ose la formuler en partisan du centralisme, si ce n'est en fasciste ; la moindre référence aux valeurs et aux symboles de la citoyenneté commune et pas exclusivement à ceux des appartenances régionales ou autonomes sera considérée comme un geste agressif de nationalisme espagnol.

40

Sur leur territoire sacré, les leaders politiques incarnent l'essence du peuple ; toute critique ou accusation portée contre eux est une injure à la communauté entière et cette critique provoque une réaction de défense, un appel à serrer les rangs et à refuser l'ouverture d'une enquête. Tout gaspillage sera justifié comme nécessaire si sa finalité est le renforcement de l'identité collective ou la récupération de l'un des symboles de cette identité. Une véritable discussion publique devient de plus en plus difficile : rien de ce qui entre dans le domaine de l'identité ne peut être contesté, ni le salaire d'un cacique politique, ni le budget d'une chaîne de télévision, ni la maltraitance d'un animal terrifié et sans défense dans une fête de village. Pas d'objection qui ne soit impardonnable et ne transforme systématiquement celui qui l'énonce en suspect de complicité avec l'ennemi, et donc en membre indigne de la communauté.

S'agissant des actualités, à la contrainte invisible du politiquement correct s'ajoute le chantage direct ou l'asservissement par l'argent public des médias, dont le rôle dans la société démocratique est l'information et la critique – sans oublier l'omniprésence de la propagande officielle. Durant toutes ces années, en lui attribuant ou en lui retirant la publicité de ses innombrables campagnes médiatiques, un gouvernement autonome ou une municipalité a pu sauver ou enfoncer un journal local. À mesure que les élus se gonflaient comme des satrapes, chacun à la mesure de sa sphère d'influence, les responsables de l'information s'inclinèrent, mal à l'aise ou avides, pour s'adapter à leur nouvelle fonction de courtisans. Corruption, incompétence, spéculation dévastant les villes et les paysages naturels, multiplication hallucinante de travaux publics sans utilité, délitement de tout ce qui paraissait solide, prospère, et qui aujourd'hui s'écroule sous nos yeux : pour permettre tout cela, il aura fallu la conjonction du démantèlement de la légalité, de la volonté politique de tout contrôler, et de la cupidité – mais aussi la démission de l'esprit critique causée par l'abêtissement, la complaisance collective, l'habitude paresseuse de donner toujours raison à ceux qui se présentent comme les protecteurs et les restaurateurs du *nous*. Le flou de ce qui est légendaire et autochtone ainsi que la certitude de l'impunité ont procuré aux abus un emballage parfait.

« Le langage politique, dit Orwell, est organisé pour donner aux mensonges l'odeur de la vérité et pour rendre le crime respectable. » Des assassins avérés retournent dans leur ville à leur sortie de prison et sont honorés par leurs concitoyens. Des gaspilleurs et des voleurs sont acclamés et réélus par la communauté même qu'ils ont escroquée pendant des décennies. Au sortir des tribunaux, les pires crapules de la vie publique s'immergent dans la foule de leurs partisans, ce bon peuple robuste dont ils font partie et qu'ils symbolisent, non en vertu d'un mandat électif temporaire mais parce qu'ils sont une part de son essence, les médiums de sa volonté sacrée.

S'ils se représentent aux élections, ils les remporteront. Que ceux du dehors, ou du camp adverse, aient osé les traîner en justice et les faire condamner est une des preuves de leur innocence, un épisode supplémentaire d'une persécution séculaire. Demander des comptes à un individu c'est insulter la patrie. Opportunément enveloppé dans un drapeau, un délinquant devient un héros. Outre l'avantage d'une probable impunité, il obtient le luxe de voir se perpétuer l'affront qui lui a été fait et donc sa position de victime et d'accusateur, et son identité se trouve par conséquent renforcée grâce à cet outrage. Tandis que les conseillers à la culture finançaient des danses folkloriques et des fêtes barbares pour la plus grande joie des ivrognes, ceux de l'urbanisme requalifiaient des terrains et cachaient sous leur matelas des liasses de billets de cinq cents euros, prix de leurs faveurs payé par des promoteurs affidés. Quiconque aurait hasardé une objection – la nouvelle urbanisation était en effet illégale parce qu'elle détruisait un espace naturel protégé – courait le risque d'être lynché par des citoyens reconnaissants envers leurs bienfaiteurs.

41

Ils ont choisi d'encourager l'appartenance aveugle et non la citoyenneté élective, la mythologie et non la connaissance historique, le narcissisme geignard, quémandeur et toujours en mal de flagornerie et non la responsabilité, le clientélisme et non la prépondérance du civisme, la grossièreté travestie en authenticité et non la correction, l'image et non la substance. Ils sont passés des mots d'ordre idéologiques aux slogans de la publicité électorale sans jamais s'arrêter à la pensée libre, comme beaucoup d'entre eux étaient passés dans leur jeunesse de l'orthodoxie religieuse à celle du communisme, du catéchisme catholique à celui du marxisme, et de là à l'orthodoxie ultralibérale. Il leur était bien plus commode et rentable d'encourager la fête plutôt que l'effort, le mirage plutôt que la réalité, le grand spectacle d'un jour plutôt que le travail assidu à long terme. Laisser l'éducation se dégrader ou encourager ouvertement l'ignorance leur permettait de répandre des mensonges sans crainte de les voir réfutés.

Le sectarisme leur assurait des allégeances et des adhésions beaucoup plus stables que l'assentiment rationnel qui, lui, est réversible parce qu'il n'exclut ni la désillusion ni le simple changement d'opinion. Le sectarisme politique leur procurait une division du monde aussi radicale que celle des frontières territoriales entre les diverses communautés. Il s'agissait, il s'agit toujours d'être d'un parti comme on est d'une race ou d'un pays d'origine, d'être de gauche ou de droite avec la même fureur qu'on mettait à être catholique ou protestant dans les guerres de Religion au XVIe siècle, aussi totalement qu'on était vieux chrétien ou hidalgo dans l'Espagne de la Contre-Réforme et de la pureté de sang.

La rigidité corporatiste des partis politiques s'est progressivement sclérosée à mesure de leur transformation en bureaux de placement et de distribution de faveurs, de leur colonisation des espaces de la société qui auraient dû rester ouverts au mérite, au débat et aux activités civiques. Celui qui n'est pas avec nous, c'est parce qu'il est contre nous. De même que le nationalisme répartit l'innocence ou la culpabilité, le précieux ou le méprisable, la vérité ou le mensonge en fonction de frontières géographiques, le sectarisme, lui, procède en traçant des frontières idéologiques grossières.

Comme la croyance est une variante de la religion, tout changement d'idée équivaut à une apostasie, toute preuve de tolérance à une trahison. La tolérance est tiédeur ; le moyen terme, indécision et lâcheté. Et sur ce terrain aussi, le débat est annihilé. Aucune critique venant d'une personne de l'autre bord, ou apparemment suspecte d'en être proche, ne mérite le moindre crédit. Quiconque se déclare indépendant est encore moins fiable qu'un adversaire évident. Entre un adversaire et un ennemi, aucune différence. Toute qualité objective reste subordonnée à une adhésion politique explicite qui est la plus grande des qualités et rend donc toutes les autres secondaires ou superflues. Être est beaucoup plus important que savoir ou faire. La plupart de ceux qui possédaient des connaissances ou des compétences ont quitté la politique depuis longtemps, ou en ont été expulsés. Ne sont restés et n'ont progressé que ceux qui, dépourvus d'autres moyens de réussir dans la vie, se sont cantonnés dans un militantisme obstiné, dans une aptitude sans limites à l'obéissance dans le meilleur cas, ou à la corruption dans le pire.

Dans aucun autre domaine professionnel on ne peut arriver aussi haut en étant dépourvu de la moindre qualification, connaissance ou savoir-faire vérifiable. On peut diriger un hôpital ou même être ministre de la Santé sans avoir la moindre notion de médecine, occuper un poste de haut rang dans la politique extérieure sans parler la moindre langue étrangère. Pendant mes années de travail dans l'administration municipale, j'ai eu des supérieurs incapables d'orthographier correctement Beethoven ou Varsovie, et qui sans autre diplôme que la carte d'un parti ont géré certaines des institutions musicales les plus prestigieuses d'Espagne. J'ai vu en 1979 un administratif devenir conseiller municipal puis, sans avoir acquis d'autre qualification que celle des manœuvres politiques, devenir au bout de dix ou douze ans président d'une de ces caisses d'épargne qui nous ont menés à la faillite. Quand Sancho Panza voit s'ouvrir la possibilité burlesque de devenir gouverneur, il n'a pas le moindre doute sur sa propre capacité à occuper cette charge, même s'il ne sait ni lire ni écrire : la seule donnée indispensable est sa condition avérée de vieux chrétien ; son analphabétisme est même une garantie supplémentaire d'orthodoxie, elle assure en effet qu'il ne pourra pas lire de livres écrits par des hérétiques.

Le premier souci de celui qui s'exprime en public est d'afficher bien clairement son adhésion partisane, il ne faudrait pas courir le risque d'être perçu comme suspect ou indécis. Avant de prendre une quelconque position, il faut s'assurer non qu'elle soit rationnelle ou pertinente, mais qu'elle se distingue bien clairement de celle de l'adversaire. Dans le journalisme, les faits sont en eux-mêmes beaucoup moins importants que les opinions, qui d'habitude correspondent dans le plus petit détail aux directives des partis. Parvenir au moindre accord opérationnel sur la nature des réalités est aussi impossible que de trouver la possibilité d'une collaboration pour les corriger ou les améliorer. Préférer toujours les différences aux similitudes et la discorde à l'apaisement est une des coutumes de base des hommes politiques espagnols, de même que verser de l'huile sur le feu ou que jeter du sel sur les plaies. Le spectacle bruyant de leurs disputes partisanes est le rideau de fumée qui masque la convergence de leurs intérêts corporatifs, l'immensité de leur incompétence, la toxicité de leur parasitisme sur le corps social, l'avidité dévastatrice avec laquelle beaucoup d'entre eux, dans tous les partis, se sont laissé acheter ou ont acheté les autres.

Il faut pourtant mettre à leur crédit l'absence d'habitude du débat démocratique chez les citoyens ainsi que la tradition d'intransigeance d'un pays soumis depuis des siècles à la brutalité politique et à l'obscurantisme religieux. Ils doivent compter avec un clientélisme et un sectarisme inconditionnels, avec un attachement aveugle à ce qu'on appelle *le propre* d'un village, d'une ville ou d'un territoire, exalté comme une patrie.

Plus de personnes dépendront directement de vos faveurs politiques pour subsister, plus de votes acquis vous pourrez comptabiliser. L'adhésion primitive à un caudillo proche, que l'on connaît et comprend parce qu'il parle comme nous, se renforce lorsque ce même caudillo, qui procurait tant de travail et se souciait tellement du peuple, se voit accusé devant les tribunaux, par la faute de lois étrangères et d'un système judiciaire impersonnel, donc suspect. Puisqu'il est de notre parti, il est impossible qu'il soit coupable : ce sont toujours les autres qui volent. C'est parce qu'ils l'envient, parce qu'ils ne lui pardonnent pas ses succès, parce qu'ils nous haïssent, parce qu'ils se mêlent sans aucun droit de nos affaires, parce qu'ils ne nous aiment pas comme nous sommes, parce qu'ils ne sont pas d'ici et ne peuvent pas nous comprendre, parce qu'ils sont partis d'ici et ont perdu leur identité. Le moment favorable arrive toujours de récolter le fruit des récriminations, du ressentiment et des offenses semés au long des années.

42

En trente et quelques années de vie démocratique et après quarante ans ou presque de dictature, aucune pédagogie de la démocratie n'a été pratiquée. La démocratie a besoin d'être enseignée car elle n'est pas naturelle, car elle va à l'encontre de penchants très enracinés dans l'être humain. Ce qui est naturel n'est pas l'égalité mais la domination des forts sur les faibles. Le naturel c'est le clan familial et la tribu, les liens du sang, la méfiance envers les étrangers, l'attachement à ce qui est connu, le rejet de qui parle une autre langue, de qui a une autre couleur de cheveux ou de peau. Et la tendance puérile et adolescente à faire passer ses propres envies avant tout, sans se soucier des conséquences éventuelles pour les autres, est si puissante qu'il faudra de nombreuses années d'éducation patiente pour la corriger. Le naturel c'est d'imposer des limites aux autres et de n'en accepter aucune pour soi-même. Se croire le centre du monde est aussi naturel que de situer la terre au centre de l'univers en s'imaginant que le soleil tourne autour d'elle. Les préjugés sont beaucoup plus naturels qu'une vocation sincère pour la connaissance. Le naturel c'est la barbarie et non la civilisation, le cri et le coup de poing et non l'argument persuasif, la jouissance immédiate et non l'effort à long terme. Le naturel c'est qu'il y ait des maîtres et des sujets, pas des citoyens qui délèguent à d'autres, temporairement et à de strictes conditions, l'exercice de la souveraineté et l'administration du bien commun. Le naturel c'est l'ignorance : il n'est pas d'apprentissage qui ne nécessite un effort et ne mette du temps à porter ses fruits. Et si la démocratie n'est pas enseignée avec patience et dévouement, si l'on ne l'apprend pas dans la pratique quotidienne, ses grands principes resteront un cadre vide ou serviront d'écran à la corruption et à la démagogie.

La seule manière de prêcher la démocratie est l'exemple. Et ce que la majorité des dirigeants politiques espagnols et leurs propagandistes ont prêché, avec une surprenante constance, par leurs paroles et leurs actes a été le contraire de la démocratie. Ils ont prêché la dispute, la violence verbale, l'irresponsabilité personnelle et collective, la flatterie, l'intransigeance, le bavardage trompeur, le manque de rigueur, l'indulgence pour la rapine, la victimisation, la grossièreté satisfaite, la haine, la vulgarité populiste, le mépris des lois. Ils n'ont pas respecté les règles qu'ils avaient eux-mêmes approuvées. Ils ont déclaré qu'un site naturel était intangible puis ils n'ont rien fait pour empêcher les spéculateurs immobiliers qu'ils protégeaient d'abattre des milliers d'arbres ou d'assécher des zones humides pour construire des habitations de luxe ou installer des terrains de golf.

Dans la poursuite de leur intérêt, ils ont discrédité et sapé sans le moindre scrupule, quand cela leur convenait, les fondements mêmes du système qui est notre base commune. Lorsqu'une décision judiciaire ne leur était pas favorable, ils ont contesté la légitimité des tribunaux. Si une enquête policière avait nui à leurs intérêts ou n'avait pas donné les résultats qu'ils désiraient, ils ont tenté de discréditer la police et, dès qu'ils ont repris le pouvoir, ils ont sanctionné ceux qui les avaient entravés en accomplissant leur devoir. Mais ils n'auraient pas connu autant de succès dans ces entreprises s'ils n'avaient pas compté autant de complices dans le monde mi-journalistique mi-intellectuel, partie la plus visible de l'opinion publique.

43

La prolifération dans les villes d'agences des banques et des caisses d'épargne à tous les coins de rue intriguait celui qui arrivait de loin, autant que l'omniprésence de la politique et des politiciens en couverture des journaux, aux informations de la radio et de la télévision, dans presque tous les domaines de la vie publique. Vous arriviez à Barajas un dimanche d'hiver à sept heures du matin et la radio du taxi diffusait la déclaration d'un homme politique ou une discussion entre journalistes et politiciens. L'information ne traitait pas des événements mais de ce que les politiciens avaient à déclarer à leur propos, ainsi que des commentaires que faisaient les chroniqueurs sur les déclarations des politiciens. L'actualité se réduisait à ce que les politiciens faisaient, à ce qu'ils disaient, démentaient, promettaient, à leurs menaces et à leurs insultes. La réalité disparaissait sous ce bruit permanent de déclarations et de diatribes politiques. Le travail des journalistes débutants se bornait à rencontrer les hommes politiques, assister à leurs conférences de presse, prendre leurs déclarations en note sans même pouvoir leur poser de questions ; celui des vétérans consistait à émettre des opinions et à commenter interminablement les paroles des politiciens lors de tables rondes à la radio ou à la télévision. Le récit d'un attentat terroriste pouvait durer moins d'une minute : on consacrait beaucoup plus de temps aux condamnations rituelles des représentants de chaque parti politique, syndicat ou organisation patronale. La plupart des titres de journaux étaient des phrases de politiciens mises entre guillemets, souvent une réponse à d'autres phrases déjà prononcées par d'autres, et disséquées en permanence, dans un ronronnement incessant, par des chroniqueurs dont la fonction principale était presque toujours d'exaspérer encore l'agressivité ou le sectarisme des partis politiques qu'ils soutenaient. On a même atteint l'infamie de voir les partis eux-mêmes imposer directement aux chaînes de radio et de télévision le nom des journalistes chargés de défendre leurs positions et d'attaquer systématiquement celles de leurs adversaires.

La prolifération des niveaux de décision publique a installé un manège permanent de campagnes électorales. Et à l'approche de chaque élection, la présence des responsables publics en exercice et de ceux qui espéraient leur succéder se renforçait encore. À d'autres époques, des événements se produisaient et ensuite l'information s'en saisissait. Dans l'Espagne hallucinée de toutes ces années, la *communication* sur les événements a pris plus d'importance que les événements eux-mêmes, au point qu'il devenait impossible de faire la différence entre un fait réel et ce qu'on appelait son *impact médiatique*. Le fait n'était plus la cause de cet impact mais son prétexte. Et comme nombre d'événements étaient organisés dans le seul but d'être répercutés dans les médias, la disproportion entre les faits et leur représentation s'est encore accentuée, semblable à celle d'objets minuscules projetant des ombres gigantesques. Depuis bien des années, la classe politique s'était spécialisée dans l'invention de simulacres. Quand ils n'organisaient pas une exposition universelle, des championnats du monde de motocyclisme ou de Formule 1, ils créaient des parcs à thème. L'objectif était de construire sans cesse des réalités parallèles, de spectaculaires entéléchies.

Plus il y avait d'argent, plus les simulacres devenaient parfaits et ni ceux qui les organisaient, ni ceux qui nous en informaient, ni les citoyens qui les admiraient n'étaient plus capables de distinguer la réalité de sa représentation. Il n'y avait plus aucune différence entre elles : on construisait tout un aéroport pour avoir sa photo dans les journaux en imaginant que l'existence de l'aéroport suffirait à susciter l'arrivée d'avions et la prospérité du trafic aérien ; on construisait une fausse autoroute pourvue de tous les attributs des autoroutes réelles, sauf de l'espoir raisonnable que des voitures y circulent un jour. Chaque ville, en marge des réalités presque toujours peu reluisantes de sa population, de son économie ou de sa situation géographique, se projetait dans la vision fantasmatique d'une capitale dotée d'un palais des congrès, d'un grand Opéra, d'un musée d'Art contemporain, d'un ou plusieurs complexes sportifs de dimensions olympiques, d'un campus universitaire. Les congressistes, les amateurs d'opéra, les étudiants, les artistes contemporains, le public, les athlètes, les foules disposées à remplir les gradins étaient aussi hypothétiques que les calculs de rentabilité de toutes ces mises en scène : ce qui comptait c'étaient la maquette, la signature de l'architecte international, la photographie, le reportage dans le journal vassalisé ou à la télévision directement assujettie. Si une ville ou une province ou une communauté limitrophe disposait déjà d'un aéroport, d'un palais des congrès géant ou d'un campus universitaire, l'effet n'en était pas rationnellement dissuasif mais exactement inverse : au lieu de considérer l'inutilité probable de redoubler ce qui existait déjà si près, on sentait grandir l'urgence de le posséder aussi. Ceux-là en disposent, pourquoi pas nous ?

44

Pour feindre avec une plus grande conviction de gouverner un pays indépendant, les dirigeants d'une communauté autonome voyageaient à travers le monde accompagnés d'un important cortège présidentiel et ouvraient des ambassades. L'inexistence de ces ambassades au regard des lois internationales ne gâtait pas la qualité du mirage : on avait des bureaux dans les quartiers les plus chers des capitales étrangères, des drapeaux au-dessus des portes, des fonctionnaires, des téléphones, des ordinateurs, des tapis rouges, on donnait des réceptions ; être diplomatiquement invisibles à l'étranger n'entamait pas leur visibilité éclatante sur leur propre territoire, sur les chaînes de télévision et dans les journaux locaux dont les envoyés spéciaux faisaient partie de la suite officielle. Étant donné qu'il était salarié de l'administration ou voyageait gratis à ses dépens, aucun journaliste n'aurait eu l'idée de comparer le coût d'une de ces expéditions aux résultats pratiques obtenus. Pour apparaître en première page du journal de leur région, les membres de la classe politique se déplaçaient en voyage officiel dans les lieux les plus huppés et les plus lointains de la planète. Ils payaient pour donner une causerie dans un lointain amphithéâtre universitaire à moitié vide et, intoxiqués par leurs propres fictions, ils croyaient sincèrement avoir été invités. La causerie passée inaperçue dans l'université où elle n'avait eu aucun écho se transformait en grand succès de promotion internationale. Ils donnaient des réceptions auxquelles personne n'assistait à part les membres de leur propre suite, des déjeuners sans autres convives qu'eux-mêmes, des concerts sans public dans des auditoriums loués ; ils finançaient des enseignements universitaires sans le moindre étudiant inscrit : mais c'est lors du passage de la réalité à son reflet médiatique que la splendeur de la fiction s'épanouissait, et le lecteur du journal ou le téléspectateur était convaincu que, grâce à ses dirigeants providentiels, sa terre natale triomphait à travers le monde, ses artistes faisaient salle comble, sa culture séduisait les étrangers, ses produits trouvaient des marchés extérieurs de plus en plus vastes. Tout cela était de l'exagération ou carrément du mensonge, mais personne ne se donnait la peine de le constater. Et si ici ou là surgissaient une critique, une information pas totalement favorable, le réflexe de défense immédiat du particularisme se chargeait de les désamorcer.

45

Ils ont voyagé, et continuent de voyager, partout dans le monde sans regarder à la dépense, mais la scène préférée de leurs fictions internationales était sans doute New York. On les voyait souvent occuper, avec la joyeuse excitation collective des groupes de touristes, les sièges de la *business class* des vols Iberia : maires, adjoints, députés provinciaux, présidents d'autonomie, conseillers, chefs du protocole, assesseurs, artistes courtisans, chefs d'entreprise, représentants patronaux, syndicalistes. Ils étaient si nombreux qu'ils avaient la capacité immédiate de transformer en succès d'audience toute cérémonie qu'ils organisaient. Dès leur arrivée à l'aéroport Kennedy ils étaient embarqués dans des limousines de luxe et logés dans les meilleurs hôtels.

Dans bien des cas ils avaient passé un contrat avec une quelconque agence de relations publiques qui, pour un prix exorbitant, leur garantissait une illusion d'importance. À New York, tout peut se louer et même les institutions les plus respectables en apparence sont capables de n'importe quoi pour soutirer de l'argent aux innombrables gogos venus du monde entier qui souhaitent s'auréoler du prestige dont elles rayonnent, du fétichisme que suscitent leurs noms.

Durant les années du délire, des sommes hallucinantes d'argent public sont allées subventionner certains des musées les plus prospères de New York, avec une largesse jamais atteinte par les fortunes locales. À tout prix il fallait débarquer à New York (la métaphore du débarquement a eu la vie dure). Il fallait faire du bruit à New York. Il fallait vendre à New York l'Andalousie, la Galice, Séville, Madrid, Valence ou la Navarre. On voyait d'abord arriver, pour ouvrir la voie et établir le contact, des experts à l'allure de cadres supérieurs, accompagnés d'un grand déploiement d'attachés-cases et de téléphones portables, habitués de cet espace étrange et douteux où se croisent les hommes de confiance des politiciens, les pistonnés des entreprises ou des consortiums publics, les patrons de cabinets de consultants privés ou de sociétés d'image qui s'engraissaient à facturer aux administrations les sommes escroquées en échange de vagues services, de rapports écrits dans un jargon pseudo-technique et parsemés de fautes d'orthographe.

Je devais les rencontrer dans mon bureau de l'Institut Cervantes. Ils ouvraient un ou plusieurs BlackBerry – c'était avant l'époque de l'iPhone – et ils expliquaient leurs projets. Je me rappelle l'un d'eux qui répétait :

– Moi, pourquoi je suis venu, c'est pour faire du bruit à New York avec la Navarre.

Et un autre qui parlait cet andalou inventé avec tant de succès par Canal Sur et par la Junta de Andalucía :

– Moi, je suis ici pour vendre de l'Andalousie, pas de l'Espagne. Vendre la marque Espagne, ça suffit. Maintenant il faut vendre la marque Andalousie.

Ils débarquaient, ils vendaient la marque, chacun la sienne, ils faisaient du bruit, ils pariaient sur le marché américain. L'expression « parier sur » était utilisée, et l'est encore beaucoup, dans une nation peuplée de joueurs invétérés. Le bruit qu'ils faisaient à New York s'entendait surtout dans leur localité d'origine. Ce qui restait à New York n'était pas l'image, ni la marque, ni le bruit, ni le pari, mais la quantité d'argent que coûtait tout le déploiement de ces fantasmagories de promotion internationale, qui oscillaient si souvent entre le somptueux et le grotesque.

À New York, où les institutions culturelles dépendent en grande partie de l'argent privé, on élabore les programmes très longtemps à l'avance et les budgets sont calculés au centime près. Soudain apparaissaient les émissaires de villes au nom inconnu ou de contrées qui d'une certaine manière se situaient en Espagne mais en même temps n'avaient rien à voir avec elle, et ils étaient prêts à payer sans discussion le prix qu'on leur demandait pour accueillir une exposition sur leur culture ou un concert donné par un artiste de la région. De temps en temps l'émissaire disait clairement qu'il venait d'Espagne mais il se montrait impatient de dépenser avec la même prodigalité : apporter au musée une exposition de ses peintres mondialement connus, payer en outre toutes les dépenses, assurances, transports, catalogues et de plus laisser au musée l'intégralité de la recette.

Nous étions une grande puissance. Nous étions sur le point de dépasser en bien-être et en richesse les grands de l'Europe. Nous pouvions offrir des expositions au Metropolitan, au

Guggenheim, au MoMA. Nous payions pour organiser des concerts au Carnegie Hall. Nous pouvions pavoiser la Cinquième Avenue de banderoles publicitaires annonçant une exposition patronnée par la Junta de Castilla y León, dont les plus hauts dignitaires feraient le voyage spécialement pour l'inauguration. Nous pouvions offrir au siège des Nations unies à Genève une voûte peinte par Miquel Barceló. En 2011, au bord de la faillite, la municipalité de Madrid se permettait le luxe d'annoncer sur chaque réverbère, tout au long de Broadway, que la Grán Vía de Madrid fêtait ses cent ans. Nous pouvions louer les salons les plus chers du Waldorf Astoria ou du Metropolitan Club pour présenter un prix littéraire ou une marque d'huile, pour la conférence d'un maire ou d'un président d'autonomie qui parfois s'entêtait à parler anglais pour ne pas parler espagnol, avec pour résultat de n'être compris que par les Espagnols présents dans la salle et qui le plus souvent étaient majoritaires.

Il fallait vendre, il fallait faire du bruit et obtenir des résultats ; rien de tel que d'offrir un grand déjeuner pour le monde des affaires de New York. La communauté autonome, ou le ministère, ou la municipalité, ou le conseil provincial faisait la demande appropriée à une agence d'organisation d'événements ou de relations publiques, ou de Dieu sait quoi. L'agence en question pouvait présenter des projets plus ou moins complexes et des budgets de prudente escroquerie ou de pillage délibéré afin de fournir une liste de précieux contacts à New York. En fin de compte, la liste était toujours la même : celle procurée par la Chambre de commerce hispano-nord-américaine à qui la lui demandait. La plupart des précieux contacts étaient des Espagnols, presque tous pourvus de postes plus ou moins officiels ou diplomatiques. Ce qu'obtenait pour un prix si élevé la délégation venue d'Espagne (qu'elle fût envoyée par une région ou par l'État) était essentiellement d'inviter cent ou deux cents Espagnols plus quelques Américains qui parfois se trouvaient sur la liste par pur hasard et n'en étaient plus jamais effacés, même s'ils n'avaient ni affaires, ni charges publiques, ni responsabilités commerciales.

Nous étions toujours à peu près les mêmes, cela variait très peu. Je dis « nous étions », parce que j'ai fait partie de cette communauté en raison de mes fonctions à l'Institut Cervantes : un public qui chaque fois se retrouvait et que l'ambassadeur Inocencio Arias appelait mémorablement « les suspects habituels ». Une fois, dans un anglais laborieux que seuls les Espagnols comprenaient, Pasqual Maragall, président de la *Generalitat*, et le philosophe Rubert de Ventós nous expliquèrent l'éloignement croissant entre la Catalogne et l'Espagne. Un énorme déjeuner d'affaires offert par la municipalité de Barcelone commença à une heure espagnole si tardive que les rares hommes d'affaires américains qui y assistaient étaient déjà partis avant la fin du copieux apéritif, de sorte qu'au moment de servir les plats, cuisinés par un chef venu spécialement de Barcelone – comme les produits nécessaires à leur préparation –, les seuls bénéficiaires de cette abondance, outre les membres de la nombreuse expédition catalane, ce furent nous, les invités espagnols, avec nos estomacs conditionnés par l'évolution pour manger encore à quatre heures de l'après-midi.

Vers cinq heures, dans la somnolence du dessert, le maire de Barcelone monta sur l'estrade pour faire un discours sur les attraits économiques et culturels de la ville et ses avantages pour les investisseurs américains. Il parla dans un anglais correct, bien que dispensable puisque depuis plusieurs heures déjà il ne restait dans la salle plus une seule personne dont ce fût la langue maternelle. Et comme le déjeuner avait été très abondant et d'une grande qualité gastronomique, le maire eut la gentillesse de demander des applaudissements pour le cuisinier, l'invitant à monter sur l'estrade et à dire quelques mots. L'homme, reconnaissant, nerveux, avec sa veste blanche et sa toque blanche haute comme une cheminée, regarda les visages de l'assistance et dit :

– Grand merci à tous…

Alors, de là où se trouvait le président s'éleva une voix catégorique :

– *En català !*

Et le cuisinier, visiblement intimidé, continua son discours dans cette belle langue, afin d'être compris par les membres de l'expédition avec qui il était venu de Barcelone.

46

Je me rappelle une visite officielle à New York du président de la communauté de Valence. Il venait faire la promotion de la Cité des arts et des sciences, mais sa visite était organisée si tardivement que le seul lieu où il restait un créneau libre pour sa présentation était l'Institut Cervantes. La Cité des arts et des sciences de Valence fut présentée en grande pompe au public de New York dans un auditorium de cent quarante places occupées en majorité par la suite du président de la *Generalitat*. Ce matin-là je reçus un appel du chef du protocole. Il m'indiquait, non sans déférence, l'heure approximative de l'arrivée *del President* à l'Institut afin que je sois à la porte pour l'accueillir à la descente de sa voiture officielle. Même le Premier ministre d'Espagne ne s'était pas fait annoncer avec une telle pompe. Les couloirs étroits et le petit jardin de l'Institut Cervantes furent bientôt noyés sous une foule de dirigeants valenciens qui sortaient tous en même temps d'une file de voitures officielles. Habillés de costumes bleu marine identiques, ils faisaient tous le geste d'ajuster le bouton intermédiaire de leur veste et parlaient dans leur téléphone portable. Des photographes de journaux valenciens et des cameramen de la télévision valencienne entouraient *el President* lorsque, suivant les indications du chef du protocole, je le saluai sur le trottoir de la 49e Rue Est.

Selon le programme méticuleusement mis au point avec le chef du protocole puis confirmé par fax, la première phase de la visite devait être un parcours dans les installations de l'Institut. Mais la délégation était si nombreuse que chaque couloir, escalier, ascenseur ou vestibule provoquait un embouteillage de dirigeants, assesseurs, photographes et cameramen de télévision. Le président de Valence entendait mes explications, distrait et bienveillant, lançant autour de lui de rapides coups d'œil, grand, bronzé, maigre, présidentiel, regardant sa montre, faisant des signes au chef du protocole et à ses assistants, contenant son impatience chaque fois qu'une nouvelle porte ou un couloir ralentissait notre progression, parce qu'il fallait respecter des préséances et s'assurer que personne d'important ne restait à la traîne ou que les photographes et les cameramen n'étaient pas loin.

Je compris rapidement pourquoi tout ce monde bruissait de nervosité : il était prévu que Plácido assiste à la présentation, mais Plácido n'arrivait pas, et sans Plácido on ne pouvait pas commencer. Plácido, personne dans le cortège ne prenait la peine de l'appeler Plácido Domingo. Nous étions entrés dans la bibliothèque et je commençai d'expliquer au président ce que j'aime raconter à tout le monde : elle était en grande partie composée par les fonds de bibliothèques particulières d'exilés républicains espagnols. Un portable se mit à sonner, c'était celui du président. Il répondit immédiatement, me coupant au milieu de ma phrase. Un moment, le silence de sa suite révéla l'espoir que l'appel fût de Plácido. Ce devait être en tout cas un appel important car le président se mit à parler, et à parler longtemps tandis que les assesseurs, les hauts fonctionnaires, les cameramen et moi-même attendions entassés autour de lui, dans l'espace restreint de la bibliothèque, commençant bientôt à regarder les rangées de livres et aussi, furtivement, nos montres et nos téléphones portables.

L'inquiétude d'attendre un public aléatoire était tempérée par le fait que, lorsque commencerait la projection du film sur la Cité des arts et des sciences sortie de l'esprit créatif de l'architecte Calatrava – « Santiago s'est excusé, il n'est pas à New York » –, le public, ce serait nous. De toute façon il se faisait très tard et quand *el President* acheva enfin sa communication téléphonique, il fallut commencer. Nous regardions depuis quelques minutes les célèbres volumes blancs et courbes quand un assistant entra dans la salle et s'approcha du président, lui parlant à l'oreille. La projection s'interrompit, les lumières se rallumèrent. Plácido Domingo, corpulent et jovial, fit son entrée dans le petit auditorium. Sous l'œil des cameramen de télévision et des photographes, lui et le président se confondirent en une longue accolade tandis que la délégation valencienne applaudissait debout.

47

Je me rappelle un titre vu dans un journal national : LA MODE ESPAGNOLE DÉBARQUE À NEW YORK. Un défilé de quatre couturiers espagnols avait en effet été organisé pendant les journées de la *Fashion Week* de New York, et même à quelques centaines de mètres seulement du chapiteau géant où se succédaient ceux des marques internationales. Seulement, ce défilé, financé par le ministère de la Culture, se tenait dans une salle louée dans la *Public Library*, sans autres spectateurs que les autorités ministérielles, les intéressés eux-mêmes, leurs proches et quelques journalistes espagnols.

Ce qui dans la réalité n'avait presque aucune consistance prenait une taille démesurée dans la grande imposture de son image médiatique. Cela n'avait pas importance. N'avaient d'importance ni la différence entre vérité et mensonge, ni le niveau d'exactitude ou d'erreur dans la relation des faits. Sans être tout à fait parvenus à la modernité, nous devenions un pays postmoderne où la distraction et le cynisme acquéraient une aimable légitimité, mettant sur le même plan discours et valeurs, réalité et apparences, fantaisie et connaissance. Dans le pays même où les chambres des comptes n'accomplissaient pas sérieusement leur devoir de contrôle des dépenses publiques, les journaux ne faisaient aucun effort pour vérifier en détail les informations qu'ils publiaient, ou parfois les manipulaient sans scrupule au profit de leurs propres intérêts, ou de leurs engagements partisans.

Pour émettre des opinions pertinentes sur la réalité et plus encore pour agir efficacement sur elle, il faut disposer d'informations aussi précises que possible ; et ces informations ne peuvent s'acquérir sans une impérieuse volonté de savoir. Comme l'esprit humain a une propension à l'erreur, à la crédulité et aux égarements collectifs, il est nécessaire d'avoir un esprit critique sans cesse en éveil et de mener des enquêtes multiples et diversifiées. Dans une certaine mesure, la communauté démocratique devrait fonctionner comme la communauté scientifique, en partant d'accords fondamentaux sur la nature de la réalité, sur la liberté de circulation des idées, sur les protocoles indispensables pour valider n'importe quelle hypothèse ou les résultats de n'importe quelle expérience. Avant de commencer la réalisation d'un projet public, on ne devrait pas se contenter de la détermination de celui qui soutient cette entreprise. Il faudrait savoir au préalable si ce projet est conforme à la loi et s'il est viable, or cette évaluation, seules des personnes techniquement capables et indépendantes des faveurs politiques peuvent la faire. Mais en outre un débat ouvert entre citoyens est nécessaire, parce que dans une démocratie les intérêts légitimes peuvent être très divers voire contradictoires, et à l'heure d'examiner le pour et le contre il faudrait savoir, avec un maximum de précision et d'équité, quelle option doit prévaloir sur les autres, presque aussi acceptables, et de plus à quoi l'on renonce quand on fait un choix dans un monde réel où les possibilités sont limitées, où les décisions sont parfois irréversibles. Il y a besoin de transparence dans les procédures, d'information fiable, de débats rigoureux et ouverts; il y a besoin de trouver un accord entre des groupes et des intérêts divers, pas seulement pour arriver à faire quelque chose mais pour que ce qui est fait puisse être durable parce qu'une entreprise importante peut rarement être menée à son terme dans la brève durée d'un mandat politique.

48

Que l'inverse ait été la règle chez nous n'est pas exclusivement la faute de la classe politique. Que chacun assume ses responsabilités. Eux ont démantelé les lois ou les ont ignorées afin de poursuivre leurs projets faramineux et, de plus, pour piller et favoriser les voleurs dans un certain nombre de cas; mais ils n'auraient pas pu aller aussi loin sans l'indifférence, la défaillance ou même l'adhésion de vastes pans de la société, et moins encore sans le mélange de négligence professionnelle, de militantisme sectaire et de penchant à la courtisanerie des médias.

Dans un pays où tout dépend de la politique, les moyens de pression possibles sont innombrables. Dans le nôtre, ils sont devenus de plus en plus lourdement explicites. Quel journal irait se risquer à critiquer un maire, un président de province ou de communauté si du jour au lendemain celui-ci peut lui retirer la publicité institutionnelle, les abonnements ou les subventions directes dont dépend sa survie? Pourtant, s'il n'est pas de meilleure critique que l'information digne de foi, celle-ci devient de plus en plus rare. Un article d'opinion ou une interview complaisante se fait en un rien de temps, demande peu de travail et occupe à peu de frais une bonne place dans le journal. Une table ronde est beaucoup plus économique à réaliser qu'un reportage. Enquêter sur une corruption en cours, en diffuser l'information à temps est la meilleure manière de la faire échouer; évaluer la viabilité réelle d'un de ces nombreux projets insensés, qui aujourd'hui ne sont rien d'autre que de futures ruines fort coûteuses, exige d'aller au-delà de la propagande officielle et cette évaluation aurait peut-être empêché que certains projets ne soient menés à terme, aurait suscité des mouvements d'opinion capables de leur barrer la route ou du moins de réduire leur ampleur catastrophique.

Il aurait peut-être mieux valu que l'acquiescement ou le silence soient causés par la crainte de représailles plutôt que par le simple désintérêt, par l'acceptation distraite de dossiers officiels luxueusement concoctés dans les agences de publicité et les cabinets de communication, par la contagion de l'unanimité triomphaliste, par le somnambulisme de l'égarement, ou encore par cette terreur espagnole de se distinguer de la majorité et de ne plus compter sur la protection d'un groupe – une des raisons de notre hypocrisie civique. En Espagne les journalistes et les hommes politiques sont depuis trop longtemps intriqués dans un parasitisme mutuel. Les politiciens laissent filtrer délibérément des informations intéressées que les journalistes, par simple confort, font passer pour les fruits d'une investigation inexistante. Une manière de se débarrasser d'un concurrent gênant dans son propre parti a souvent été de transmettre à la presse des informations qui lui porteront préjudice. Les journalistes assistent aux déjeuners et aux réceptions donnés en permanence par les hommes politiques et il s'y renforce une complicité d'intérêts partagés. Des politiciens au pouvoir manipulent les lois pour concéder des prébendes à des communicants dont ils sont proches, ou les utilisent pour faire pression sur leurs adversaires. Des politiciens débonnaires participent aux innombrables tables rondes qui ont colonisé l'espace autrefois consacré à l'information et ils y sont accueillis avec une déférence regrettable.

49

Avec du recul, on se rend clairement compte que l'Exposition de 1992 a ouvert le long catalogue des simulacres de l'Espagne, répétition générale et inauguration, modèle pour une grande partie de ce qui suivrait : donner la préférence à l'événement exceptionnel sur le travail de long terme, faire triompher le spectacle sur la réalité, construire des réalisations éphémères en leur consacrant des fonds publics qu'on aurait pu utiliser de manière moins voyante mais avec des résultats plus durables, dépenser sans limites et sans contrôle, concentrer tous les moyens de façon spectaculaire sur un seul site et pour une durée de quelques mois, déconnectant cette période du temps qui suivrait et ce lieu, insularisé, du territoire qui l'environnait ; mais aussi cette unanimité triomphaliste qui étouffait d'avance toute dissension, la réduisant à une plainte résiduelle ou à une traîtrise insidieuse.

J'ai vu l'Exposition de 1992 le jour de sa clôture. C'était la première fois que ma compagne et moi prenions le TGV. Nous allions à Séville car j'étais invité à faire partie du conseil de direction de l'Institut Cervantes qui venait d'être créé (une nomination sans indemnité mais aussi sans consistance). J'ai acheté des chaussures noires et une cravate. Le TGV était rempli d'officiels, d'hommes politiques et de diplomates latino-américains. En descendant de la chambre d'hôtel pour le déjeuner, on nous sépara sans ménagement ma compagne et moi parce que, selon les fonctionnaires du protocole qui guidaient le troupeau des invités dans le hall, les messieurs et les dames devaient se rendre en des lieux différents. Pour la cérémonie inaugurale de l'Institut, autour d'une table immense présidée par le roi, des académiciens et des dignitaires latino-américains, parvenus à diverses phases de la décrépitude, prirent la parole, épuisés, pour chanter l'excellence de l'espagnol et la fraternité entre nos peuples avec une éloquence qui aurait déjà semblé anachronique du temps de Rubén Darío. Ce conseil – je m'étais fait une certaine joie d'y appartenir – se révéla une formalité pompeuse et inutile. Vu de près, Camilo José Cela avait une tête d'idole olmèque mâtinée de préfet franquiste. La suprématie statistique de la langue espagnole dans le monde était la chanson préférée des discours officiels.

Nous devions assister à une réception et à un déjeuner aux Alcazars royaux. Nous nous étions égarés, ma compagne et moi, sur le trajet depuis l'hôtel et quand nous arrivâmes enfin, trempés par une averse subite, les hautes portes étaient fermées. Elle tenait un sac façon panthère de forme originale mais de piètre qualité qui avait déteint sur ses mains. Quand nous finîmes par entrer, les implacables agents du protocole nous séparèrent une fois de plus, nous expédiant chacun à un bout de la vaste salle à manger encombrée d'une foule d'invités. Plus tard, elle m'a raconté que lorsqu'elle avait voulu se lever de la table qu'on lui avait assignée et aller laver ses mains toutes tachées de noir par le sac déteint, un vigile du protocole le lui avait interdit sans ménagement : on ne se lève pas après que le roi s'est assis, elle se résigna donc à déjeuner avec les mains aussi noires que si elles étaient tachées de cambouis.

La durée du déjeuner s'ajouta au nombre et à la longueur des discours ainsi qu'au brouhaha de la foule des convives pour nous faire perdre la notion du temps. Pour rentrer à l'hôtel, il fallut se frayer un passage au milieu d'un embouteillage de voitures officielles aggravé par les motos, les voitures d'escorte, et les fourgonnettes de la police. Sans presque un instant de repos, nous étions tenus d'assister à une autre réception, dans un salon aux sièges et aux tapisseries baroques, peut-être à la mairie, je ne sais plus. Il y eut un moment de pagaille apparemment causé par une dispute de préséance entre la duchesse d'Albe et la *marquise consort* de notre Prix Nobel de littérature, pour savoir qui devait s'asseoir la première. La même ronde de discours se répéta : le roi, le président du gouvernement, le ministre de la Culture, le ministre des Affaires étrangères, le président de la Junta de Andalucía, le président de l'assemblée provinciale, le maire de Séville, le doyen du corps diplomatique.

Chaque fois que l'un d'eux parlait, il devait commencer son discours en énumérant par ordre hiérarchique et avec leurs titres respectifs toutes les autorités présentes : Majesté, Monsieur l'excellentissime Président, Monsieur l'excellentissime Maire, excellentissimes et illustres Autorités, Mesdames et Messieurs.

Ensuite il y eut un nouvel embouteillage de cortèges officiels sur le chemin de l'île de la Chartreuse, pour rejoindre la cérémonie de clôture de l'Exposition. Au-dessus du trafic et des sirènes des motos d'escorte de la police cliquetait un hélicoptère. Nous fûmes embarqués dans un autobus avec les invités les moins prestigieux. Bien avant notre arrivée, l'autobus avançait déjà aussi lentement qu'un carrosse baroque chargé de courtisans en perruque dans les ruelles d'une ville d'Ancien Régime.

De l'autre côté des ponts aux lignes audacieuses récemment construits au-dessus du Guadalquivir, l'Exposition ressemblait à l'enclos d'une feria démesurée et chimérique, à une ville futuriste tout entière qui le lendemain matin aurait cessé d'exister. Après une progression très lente dans une foule qui occupait le moindre espace, nous parvînmes au pavillon où se retrouvaient une fois de plus les mêmes autorités côtoyées toute la journée, les robes des dames peut-être un peu plus froissées, les visages un peu poussiéreux et plus fatigués. Sur une vaste terrasse, surmontée de bâches blanches, d'où l'on dominait toute la feria, serveuses et serveurs déguisés en laquais comme pour un dîner aristocratique distribuaient des boissons accompagnant d'immenses quantités de langoustines en beignets et de jambon *pata negra* tranché très fin. De nouveaux plateaux de nourriture et de boisson circulaient sans arrêt parmi les centaines d'invités. Je ne sais si c'est à minuit que se fit le silence, tout le monde s'immobilisa, le regard fixé dans la même direction. Après des années de préparatifs et six mois de célébrations, l'Expo 92 s'achevait dans un feu d'artifice spectaculaire qui envahit durant plusieurs minutes le ciel de cette nuit d'octobre, redoublé par son reflet sur le plan d'eau du Guadalquivir. Sur cette terrasse, après la dernière fusée, tout le monde applaudissait le néant.

50

Beaucoup d'abus ont été commis en secret sur lesquels il était très difficile d'enquêter. Il y a sans doute des délits dont nous ne saurons jamais rien et des détournements qui resteront impunis pour toujours. Mais d'innombrables actions scandaleuses se pratiquaient au grand jour dans l'indifférence générale et c'est volontairement que l'on choisissait de ne pas voir, ou de faire comme si, ou de laisser croire qu'on voyait le contraire. Voir et se taire. Voir et ne pas dire ce que vous pensez mais dire ce que vous savez être convenable, dire ce qu'on attend de vous, quelquefois par peur, plus souvent par opportunisme, par grégarisme ou par mode. Il y avait des raisons de se taire par peur au Pays basque et, pendant des années, il fut dangereux de s'opposer au terrorisme n'importe où en Espagne. À cette exception près, c'est par commodité que ceux qui pouvaient élever la voix ont choisi de se taire ; ceux qui ont dit le contraire de ce qu'ils pensaient l'ont fait par cynisme ou pour ne pas mettre en danger leur appartenance à un groupe. L'Espagne a subi trop de siècles de dictatures et d'intolérance pour que la liberté de pensée s'y enracine ; la démocratie n'a pas duré assez longtemps pour qu'un véritable exercice de la liberté d'expression devienne habituel. Quand en 1976 et en 1977 il devint possible de dire et d'écrire ouvertement ce qu'on voulait, nous les gens de gauche avions le travers, enraciné dans la clandestinité, de ne rien dire qui puisse favoriser l'ennemi ou être utilisé contre ceux que nous considérions comme les nôtres. Le linge sale se lave en famille. Et pour être certain qu'il ne s'étale pas, le plus sûr était de ne pas le laver du tout. Durant très longtemps, en pleine démocratie, la gauche a refusé d'employer le mot *crime* à propos des crimes des terroristes parce que, en fin de compte, ces terroristes avaient participé à la lutte contre Franco et parce que des bandes d'individus armés qui se prétendaient un mouvement de libération n'en finissaient pas de perdre leur prestige romantique de guérilleros.

Orwell de nouveau : « Le langage politique est organisé pour donner aux mensonges l'odeur de la vérité et rendre le crime respectable. » Dans son premier numéro daté du 4 mars 1976, le journal *El País*, le premier à naître après la mort de Franco sans aucune complicité avec lui, rapportait à la une l'assassinat d'un garde civil au Pays basque, mais sur une seule colonne et dans un coin : « Mort d'un garde civil ». Mort, comme s'il était mort dans un accident de la route ou d'une crise cardiaque. C'était le temps où la droite nommait la dictature « le régime précédent ». Trente et quelques années ont passé et l'une des raisons qui rendent l'exercice de la liberté d'expression si difficile en Espagne est que, ni d'un côté ni de l'autre, on n'a pratiqué la critique de ses propres origines, de ses propres erreurs ; de plus, les initiatives de réconciliation qui avaient en leur temps permis l'instauration de la démocratie se sont aujourd'hui évanouies dans un repli intransigeant où les penchants sectaires de la classe politique ont été encouragés, et même excités, par une partie de la classe journalistique et par la partie la plus visible de la classe intellectuelle.

Comme dans la rhétorique infâme du temps de Franco, chez nous l'adjectif *inébranlable* se trouve toujours accolé au nom *adhésion*. Quelle possibilité de véritable pluralisme peut-il exister dans un pays où le parlement – qui par nature devrait être le lieu privilégié des débats publics, le lieu où se manifestent au vu de tous la variété légitime des postures et des opinions, la dissension radicale mais aussi la possibilité d'accord – offre quotidiennement le spectacle mi-grotesque mi-dégradant d'une obéissance verrouillée aux consignes des partis, d'applaudissements aveugles au leader, de contradicteurs grossièrement insultés. Par sa forme, l'hémicycle souligne sa ressemblance avec l'arène de la corrida, agitée par les féroces oppositions binaires espagnoles : soleil et ombre, gauche et droite, applaudissements et huées, fanatisme dissimulé dans la masse. Les retransmissions télévisées ne rendent compte que d'un monolithisme discipliné, et non du vacarme d'écoliers paresseux par lequel beaucoup de ces messieurs saluent chacune des interventions du parti adverse.

51

Il est bien vu d'agresser l'adversaire : élever la voix plus fort que les autres dans le hurlement général, dans l'épaisse soupe de la fraternité partisane, identitaire ou tribale, qui jamais ne se fait aussi forte que dans l'attaque. Dans les meetings, dans les commentaires, dans les tables rondes on répète la même expression intraduisible : *Dales caña !* [1] Le modèle de la vie politique espagnole n'est pas le débat courtois dans la forme et rigoureux dans les idées, mais le meeting politique où les manières sont rudes et souvent brutales, d'où les idées sont absentes et se limitent à des consignes ou des apostrophes, où l'adversaire est caricaturé, traité de tous les noms. Sur l'estrade, au palais des sports ou dans les arènes, le leader candidat accepte de bon cœur les applaudissements enthousiastes qui interrompent le crescendo calculé de son discours, il voit s'allumer la lumière rouge sur les caméras de télévision indiquant que désormais ses paroles seront retransmises en direct ou feront partie d'une séquence d'information : la domination des partis politiques sur tous les secteurs de la vie espagnole est si absolue que ce sont les partis eux-mêmes qui imposent les informations qui seront diffusées sur eux, quels passages précis des discours de leurs orateurs doivent être retransmis à la radio et à la télévision.

Les responsables de cette complicité humiliante sont ceux qui l'imposent, mais aussi ceux qui s'en accommodent. Dans un camp comme dans l'autre, la liberté d'expression s'est réduite à un échange d'injures. Il n'existe probablement pas un seul pays où l'on discute et écrive autant

1. Littéralement : *Donne-leur du bâton !* (Vas-y, cogne !)

qu'en Espagne sur la politique mais où, pourtant, le débat soit aussi rare. Le débat : un affrontement d'idées poli et argumenté où chacun s'exprime librement, prêt à accepter que l'autre ait en partie raison, prêt même à changer de position si l'autre lui présente des arguments ou des faits qu'il ignorait et qui peuvent le persuader ; la conviction que sous les divergences, même les plus tranchées, il existe une base solide de valeurs communes et donc la possibilité de trouver une position intermédiaire ; céder ici pour gagner là.

52

Il est très difficile de porter la contradiction en Espagne. Contredire non ceux du parti ou du camp opposé, mais ceux qui semblent être du nôtre ; contredire sans regarder à gauche et à droite avant d'ouvrir la bouche pour s'assurer de la solidarité de ceux dont on sait, ou croit savoir, qu'ils nous sont favorables ; contredire seul, sans assurer ses arrières, en disant poliment ce que l'on pense devoir dire, ce qu'on a envie de dire, ce qu'il semble indigne de taire, en sachant qu'on risque non la réprobation attendue de ceux qui ne partagent pas nos idées mais le rejet offensé de ceux qui nous considèrent comme des leurs ; contredire non pas des visions abstraites et globales du monde mais s'opposer sur des faits précis et réels.

Il est très inconfortable de ne pas faire partie d'un groupe, d'une tribu, d'un pays ou de n'importe quoi d'autre, pourvu que cela soit solide et collectif, que cela offre une protection inconditionnelle, car le prix du confort sera l'abdication de son droit de penser librement c'est-à-dire : pouvoir changer d'opinion ; ne pas s'adapter à ce qu'on exige ou attend de nous ; ne pas approuver globalement et en détail tout ce que font ceux dont on se sent proche, qu'on a défendus et qui pourtant n'acceptent pas la moindre divergence par rapport à l'orthodoxie qu'ils affichent eux-mêmes.

Dans un pays à ce point envahi de nationalismes divers, on est qualifié de traître pour moins que rien et dans les églises, pourtant de plus en plus vides, la moindre dissidence devient une apostasie scandaleuse. Dans quelque obédience que ce soit, la première formalité publique requise est une déclaration d'orthodoxie ; le châtiment de la déviance est l'anathème et le san-benito. En Espagne, il est aussi difficile d'exercer véritablement sa liberté d'expression que de se promener sans entrave dans la campagne aux États-Unis. Cette nature américaine que l'Européen trouve si primitive et écrasante est rigoureusement divisée par des limites de propriété, des barbelés et des pancartes comminatoires interdisant le passage. Il suffira de s'aventurer par erreur sur un chemin privé traversant une forêt, restée apparemment vierge depuis des siècles, pour que le propriétaire ait le droit de vous tirer un coup de fusil.

Le charivari espagnol ressemble lui aussi à un pays sans lois où tout peut se dire et où n'existe pas, comme dans d'autres contrées moins véhémentes, le frein de la légalité ou de la bonne éducation qui protège contre la calomnie ; et pourtant, au moindre pas hors des sentiers battus, vous courez le risque de vous étaler sur un mur garni de tessons de bouteille ou de vous retrouver dans un champ de mines. Je ne connais aucun pays où la profession des commentateurs, par l'écrit ou par l'oral, soit aussi nombreuse. Mais je ne crois pas non plus qu'il y ait d'autres pays, à part ceux soumis à un régime autoritaire, où les opinions soient à ce point répétées et prévisibles, divisées entre des positions aussi figées que celles d'une guerre de tranchées. Nous autres Espagnols avons tendance à imaginer que nous sommes impulsifs, authentiques au point de dire sans précaution tout ce qui nous passe par la tête, tout ce que nous avons sur le cœur. Et si nous excusons, si nous célébrons même la grossièreté, c'est parce qu'elle nous semble plus vraie, parce que nous aimons nous imaginer saisis par une spontanéité qui, si elle est parfois désagréable, évacue au passage l'hypocrisie. Quelqu'un écrit-il ou parle-t-il en utilisant des apostrophes et des insultes, alors, distraits, nous le créditons tout de suite d'un « franc-parler » et de n'être pas « politiquement correct ». Si nous examinons ce que dit ou écrit ce fier-à-bras présumé, nous découvrons en général que c'est purement et simplement du vent, que l'ennemi embroché par sa lance après une étourdissante cavalcade était un pantin empaillé, et même parfois un malheureux incapable de se défendre, ou une abstraction trop vague pour représenter le moindre danger.

Le journal, la radio, la page Internet représentent une tranchée assez commode d'où tirer sur un ennemi qui en réalité n'est jamais proche. Les nôtres sont de ce côté-ci du no man's land, les autres sont au-delà. Tant qu'on sera sûr de tirer sur eux en restant bien à l'abri, on ne court aucun risque, pour aussi grosses que soient les munitions employées. La confusion des cris est dans une large mesure une chambre d'échos. Ce qu'on écrit ou dit n'est pas destiné à réfuter les arguments des autres et donc à commencer un dialogue, mais à exciter sa propre paroisse qui en réclame toujours plus, comme le public des meetings, comme les *aficionados* qui huent le torero s'il ne s'approche pas assez du taureau. Ce qu'écoute celui qui parle n'est pas la voix de l'autre mais sa propre voix amplifiée par les siens.

53

Les problèmes commencent quand vous écrivez ou dites quelque chose de gênant pour une personne de votre bord, quand vous bravez, délibérément ou sans préméditation, l'orthodoxie de ceux qui vous sont proches, quand vous sortez des sentiers balisés et voulez passer sous une clôture ou marcher dans ce que vous ignoriez être un champ de mines – ce qui n'est pas rare dans un pays où les convictions tendent à être d'un seul bloc, comme les identités, et où rien n'éveille autant de méfiance qu'une opinion pas totalement prévisible ; quand pour avoir refusé de vous abriter dans une tranchée ou dans celle d'en face, vous vous retrouvez dans le no man's land, couché en joue de part et d'autre sous les feux croisés de ceux qui se sont mis d'accord pour vous tirer dessus. À l'image des paléontologues qui peuvent reconstituer la totalité d'un être humain à partir d'un morceau de mâchoire fossile, en Espagne on peut prédire avec une marge d'erreur minime le catalogue complet des idées politiques et religieuses, et même des goûts esthétiques de bien des personnes, sans savoir d'eux autre chose que ce qu'en dit la radio qu'ils écoutent ou le journal qu'ils lisent ; comme un package touristique où tout est compris ; comme un bloc compact où la moindre menace de fissure provoque à la fois une réaction de défense et d'agressivité.

Deux intégristes de religions différentes se comprennent beaucoup mieux entre eux qu'avec un athée ou un agnostique et il leur sera beaucoup plus naturel de s'allier contre lui que de reconnaître son droit à la dissidence. En Espagne il peut être terrorisant de se retrouver ou de se sentir seul ; se retrouver seul pour avoir contredit l'un des commandements de l'orthodoxie de son propre camp sans la moindre intention de passer dans celui d'en face, pleinement convaincu que la vie est d'une telle complexité que l'on peut rarement séparer en deux camps les personnes, les idées et les postures politiques – deux *camps*, avec la connotation guerrière évoquée d'emblée par ce mot. Se retrouver seul comme le sont restés Manuel Chaves Nogales et Arturo Barea quand ils défendaient la République mais refusaient d'approuver les crimes qui se commettaient en son nom durant la guerre, ou même de fermer les yeux ; se retrouver seul comme Néstor Almendros, revenu de Cuba après avoir été persécuté pour son homosexualité et découvrant que ses amis homosexuels et progressistes refusaient de le saluer parce qu'il avait critiqué Fidel Castro ; se retrouver seul comme le conservateur qui défend la laïcité ou le progressiste qui ne renonce pas à sa foi religieuse, comme l'homosexuel qui a revendiqué ses droits quand ils lui étaient déniés, qui est maintenant marié avec un autre homme et sait que beaucoup des siens le dénigreront s'il ose dire qu'il n'aime pas le déploiement folklorique des chars et de la musique disco de la Gay Pride ; rester seul dans une tempête politique où aucun groupe ne vous défendra ni ne vous protégera, où de rares personnes vous manifesteront leur sympathie en privé mais jamais en public, tandis que d'autres en profiteront pour parader devant les leurs en vous agressant sans courir le moindre danger, feignant même une indignation opportune.

En conséquence, en Espagne, nombre de personnes qui auraient dû parler se sont tues et continuent de se taire, et de plus il est très courant de dire une chose en public et son contraire en privé, d'agir d'une manière et de penser d'une autre. Beaucoup de choses ne peuvent tout simplement pas être dites. Aucun commentaire ironique ou négatif n'est permis, ni sur une ville (à l'exception de Madrid), ni sur un village, une province, une région, une contrée, une nationalité, un accent, un corps de métier, une collectivité organisée. Une plaisanterie des plus anodines peut être prise pour une offense, et comme en Espagne la vaillance collective et anonyme n'est pas ce qui manque – surtout si elle s'exerce contre une personne désarmée –, celui qui se hasarde à dire quelque chose d'*incorrect* court le risque d'un lynchage pas toujours cantonné au verbal ou au symbolique : par exemple, il se trouvera des offensés pour diffuser son téléphone et son adresse sur Internet.

Vous pourrez être déclaré persona non grata ou enfant prodigue par ceux-là mêmes qui vous appelaient leur fils préféré. Les conséquences de tout cela sont le cynisme, une fois de plus, le découragement ou la frayeur des modérés face à la furie de ceux qui crient le plus fort ; une acceptation résignée ou complice de la discordance entre les paroles et les actes, entre la pureté des principes et le laisser-aller des comportements ; le machiavélisme de dire ce qu'il faut et non ce que l'on pense, d'encourager la flatterie plutôt que l'autocritique. Pour éviter le danger on utilise des périphrases ou des sous-entendus compris uniquement par ceux qui, d'une manière ou d'une autre, appartiennent au cercle des initiés. Dans un pays où l'on prône une expression décomplexée et où l'on se vante d'être spontané, il est très rare de voir les choses appelées par leur nom. Des vengeances personnelles s'assouvissent en public au moyen de flèches empoisonnées qui ne sont intelligibles que par celui qui les tire et celui qu'elles visent. C'est peut-être pour cela que beaucoup d'étrangers connaissant bien notre langue et s'intéressant à notre pays avouent ne rien comprendre à nos journaux. Le débat public entre Espagnols est faussé par l'hypocrisie.

54

Et aussi par une franche détermination à ne pas voir, si continûment pratiquée qu'elle devient une habitude. Ne pas voir ce qu'on a sous les yeux. Refuser de le voir si en dépit de tout il chemine jusqu'à votre conscience. Le voir et faire comme si on n'avait rien vu et se taire pour ne pas être accusé d'apostasie, d'être passé à l'ennemi ou, pire encore, de ne pas appartenir au groupe dont la pureté de sang est attestée, une pureté sans tache politique, identitaire ou sexuelle. Ne rien voir et faire comme si vraiment on voyait la même chose que tout le monde, et ce avec d'autant plus de conviction qu'on y voit moins et qu'on ressent davantage de doutes intimes – il ne faudrait pas que cette simulation soit découverte.

Pour comprendre les événements espagnols de toutes ces années, il faut lire certains des rares rapports internationaux qui alertaient sur la possibilité d'un désastre, mais il faut avant tout lire Cervantes, à la conscience politique si aiguë, et dont l'ironie sereine était d'une perspicacité beaucoup plus profonde que Quevedo avec toutes ses acrobaties et ses calembours. Il faut lire les chapitres de la seconde partie de *Don Quichotte* qui se déroulent dans le palais des ducs, et surtout l'un des *Intermèdes*: *Le Retable des merveilles.*

Dans leurs possessions d'Aragon, le duc et la duchesse, à qui Cervantes ne donne jamais de nom, vivent dans une espèce de monde parallèle où, dans le seul but de ridiculiser Don Quichotte et Sancho, l'on représente sans cesse des simulacres baroques: grands défilés nocturnes avec carrosses et torches, fêtes alambiquées où des centaines de personnes se déguisent et jouent le rôle de figurants dans cette grande mystification. En lisant ces chapitres du roman, l'on imagine la misère calamiteuse de l'Espagne de cette époque ; il est alors impossible de ne pas se demander d'où venait l'argent qui servait à payer toutes ces représentations fantasmagoriques à la cour des ducs, probablement pas plus chimériques que celles de la cour du roi d'Espagne ni moins insensées que les guerres européennes où s'engloutissaient l'or venu d'Amérique et l'argent des impôts qui ruinaient jour après jour les paysans de Castille.

Outre la qualité de son écriture ironique, qui anticipe les satires de Valle Inclán, *Le Retable des merveilles* se distingue par un trait original ajouté par Cervantes à la trame du conte des *Habits neufs de l'Empereur.* Deux escrocs arrivent dans un village et annoncent qu'ils présenteront le spectacle le plus surprenant jamais vu au théâtre. Mais, pour voir les prodiges représentés sur scène, il y a une condition à remplir, une contrainte : « Nul ne peut voir les choses qui s'y montrent s'il a des ancêtres juifs convertis ou s'il n'a pas été conçu par ses parents dans la légitimité du mariage. » Le maire du village où arrivent les coquins, un homme inculte et stupide, s'empresse de déclarer : « Quatre doigts de lard de vieux chrétien bien ranci garnissent les quatre quartiers de mon lignage. »

Originaire pour sa part d'un lignage assez douteux, Cervantes devait être très sensible au ridicule de telles proclamations de pureté de sang, sensible aussi à l'absurdité d'un pays où cette pureté prévalait sur tout autre mérite. De même que sa condition de vieux chrétien suffit à Sancho Panza pour devenir gouverneur, de même ce qui accrédite le musicien accompagnant le spectacle n'est pas son talent mais le fait d'être « très bon chrétien et hidalgo d'une illustre terre ». Et un autre personnage d'ajouter : « Qualités bien nécessaires pour être bon musicien ! »

Ce qui est important, c'est une origine sans tache. Et pour qu'elle ne soit pas mise en doute, le plus sûr est de s'efforcer de voir ce que tous les autres voient, ou ce qu'apparemment ils voient parce que, simultanément dans la conscience de chacun des villageois sans exception, le même chantage opère. La représentation commence et les spectateurs voient Samson renversant les colonnes du temple, voient une invasion de souris échappées de l'Arche de Noé, disent sentir sur eux l'eau d'une cataracte du Jourdain, s'épouvantent quand ils voient survenir « une douzaine de lions rampants et d'ours mangeurs de miel ». Et quand soudain fait irruption une personne qui ne participe, ni comme escroc ni comme escroqué, au délire de la farce et atteste donc que la scène est vide, le maire analphabète lui lance un terrible anathème, qui à l'époque pouvait vous mener au cachot ou même au bûcher : « D'Eux tu fais partie, et donc tu ne vois rien. »

D'Eux : les juifs, dont on ne peut même pas prononcer le nom, parce que ce serait reconnaître leur existence, être contaminé par leur impureté. Ce n'est qu'en feignant de voir, ou en croyant voir ce qui n'existe pas, qu'on est assuré de ne pas faire partie de ce *Eux* infamant. Le seul fait de voir la réalité et de la dire vous ostracise, fait de vous un dissident, un être anormal : un rabat-joie.

55

Je me souviens d'un retour de New York, peu avant les élections de 2008, quand en Espagne il était encore possible de vivre dans le pays « d'avant ». Depuis l'été précédent, les symptômes de la crise étaient très visibles aux États-Unis. À New York, dans notre quartier, des commerces que nous avions vus depuis toujours fermaient, des gens que nous connaissions perdaient leur travail et déjà les journaux évoquaient ouvertement l'effondrement du marché immobilier en Floride. Un sentiment d'inquiétude était perceptible dans les conversations, sur les visages. Venir en Espagne c'était arriver dans un autre monde. Les boutiques de luxe, les restaurants étaient pleins. Dans les rues, sur les routes on voyait plus de grosses voitures que jamais. La forêt des grues aux profils anguleux continuait de s'agrandir sur l'horizon de Madrid.

En arrivant on barbotait soudain dans l'eau sale de la campagne électorale. Ma femme et moi étions invités dans un restaurant pour un déjeuner plus ou moins professionnel, une de ces occasions où le travail et les amitiés se mêlent avec cette liberté bien espagnole, parfois très plaisante : une éditrice en activité, un éditeur en congé, un romancier éditeur, un journaliste culturel, nous deux. Le restaurant était très bon et très cher, et le patron enchanté de le voir rempli de gens connus. Cuisine du terroir et design haut de gamme. Il était aussi fier de la signature de l'architecte qui l'avait conçu que de l'exquise qualité de ses légumes. Aujourd'hui nous savons que cela se passait en d'autres temps. Mais alors, parmi les personnes progressistes qui sympathisaient avec le gouvernement, il n'était pas bien vu de suggérer que ces temps pourraient ne pas durer. Il y avait des problèmes, mais c'était aux États-Unis. Les banques espagnoles étaient beaucoup plus solides. La Banque d'Espagne ne les aurait pas laissées s'empêtrer dans les acrobaties financières qui menaçaient de ruiner les banques américaines. Il n'y avait qu'à cesser un instant de lire les oracles intéressés de la droite pour avoir sous les yeux la preuve que l'économie espagnole jouissait d'une santé magnifique : il suffisait de regarder autour de nous, dans ce restaurant même, si cher mais toujours bondé, de marcher dans les rues et de voir les vitrines des magasins. Nous avions 3,8 % de croissance : le président le répétait dans tous ses meetings, unanimement acclamé par les militants, ce président qui avait banni le mot *crise* de son vocabulaire, même pour nier sa réalité. Ma femme et moi insistions : nous ne pourrions pas rester longtemps préservés de la contagion de ce que nous avions constaté aux États-Unis. Et alors, l'un des convives, soudain sérieux, nous dit :

– Ce n'est que la propagande de la droite. La droite veut répandre la peur pour nuire au gouvernement.

Ces paroles étaient prononcées sur le ton tranchant utilisé en Espagne pour émettre des opinions politiques, celles destinées non à encourager une discussion mais à la rendre impossible. Puisque c'est la droite qui l'annonce, la crise ne peut pas être réelle. Et le ton n'était pas dépourvu d'une trace de réprobation, voire d'avertissement : qui parlera de crise fera le jeu de la droite. Niant avec son sourire immuable l'évidence du cataclysme fracassant qui déjà approchait, le président et son parti gagnèrent de nouveau les élections de 2008 sans difficulté, et après les avoir gagnées s'obstinèrent encore à ne rien voir, à ne rien entendre, même lorsqu'aux États-Unis les combines financières commençaient à s'effondrer les unes après les autres et que les prodiges les mieux établis partaient en fumée.

56

J'ai voulu savoir quelle était la réalité véritable de ce temps-là. Les souvenirs ne sont jamais suffisants. Les souvenirs nous trompent parce que la mémoire est beaucoup plus fragile et infidèle qu'il n'y paraît et que projeter sur le passé ce que nous savons aujourd'hui fait de nous des devins. Mais le passé est un pays étranger, comme le dit cet écrivain britannique, L.P. Hartley, dont je ne connais que cette phrase mémorable, et sa seconde partie : et là-bas les choses se font d'une autre manière.

Jour après jour, à la fin de juillet et au début d'août, j'ai pris un taxi dans un Madrid de plus en plus désert et j'ai voyagé dans le temps. J'allais et je revenais. Je commençais vers onze heures du matin et je restais dans le passé jusqu'à deux heures et demie de l'après-midi. J'aurais voulu rester beaucoup plus longtemps, sans prendre le temps de manger ni de rentrer chez moi pour une courte sieste et attendre qu'avec la tombée de la nuit arrive l'heure de me mettre à écrire. Dans le taxi, à l'aller comme au retour, j'ai écouté à la radio les nouvelles de 2012 : les incendies de forêt qu'on n'arrivait pas à stopper, la nullité du gouvernement, la distraction anémiante des Jeux olympiques. À mesure que le mois d'août s'écoulait, l'apaisement qui autrefois était le propre des vacances se transformait en une tension, en une attente, en une paralysie : dès que la trêve s'achèverait, au début de septembre, les désastres allaient redoubler.

J'allais aux archives du journal *El País* pour lire les journaux de 2007. Je n'ai pas beaucoup avancé dans le temps mais peut-être n'était-ce pas nécessaire. Dans la littérature fantastique, les voyages dans le passé sont toujours soumis à quelque type de restriction. Ainsi, dans le dernier roman de Stephen King, un passage ou une coupure dans le temps ramène toujours à la même date et à la même heure : un matin d'été, en 1957.

Je ne savais pas que, sur papier, le passé occuperait tant d'espace et pèserait si lourd. Je me suis enfermé dans un petit bureau avec une pile de six énormes volumes reliés ne représentant que deux mois, janvier et février 2007. Trois pour chaque mois : les centaines de pages de chacun d'eux couvrant un temps très court, dix jours. Et passer en revue l'édition d'un seul jour peut facilement prendre plus d'une heure.

Là se trouve le temps, à l'état pur, au présent, pas seulement dans les mots écrits et les photographies mais aussi dans le contact et l'odeur du papier, le temps que l'on effleure et le temps que l'on respire, comme l'air d'une pièce restée close durant des années. J'aurais pu consulter le journal sur Internet, mais ce n'est pas la même chose. Sur Internet tout est nivelé par l'asepsie de l'écran et la rapidité des recherches. Travaillant chez moi, j'avais recherché des informations de 2007 et 2008, mais sur Internet je n'avais pas la possibilité de déambuler à travers les pages, la place publique des gros titres de une, mais aussi dans les rues étroites des petites annonces, les ruelles sordides de la prostitution, et de me perdre dans l'épaisseur des rubriques immobilières, de me distraire avec une information mineure qui, en apparence, n'avait rien à voir avec ma recherche mais qui finalement était beaucoup plus révélatrice qu'une nouvelle spectaculaire.

57

Il m'était déjà arrivé, lorsque j'écrivais des romans, de consulter des journaux d'un temps depuis longtemps révolu : de l'été 1936 et de celui de 1969. Ils donnaient l'impression d'un pays lointain où vous ne pouviez que passer, tel un étranger, ou même pas : seulement les regarder au travers d'une vitre, et encore pas très propre. Lire le journal d'il y a cinq ans, c'est comme se promener dans votre propre ville cinq ans auparavant : dans votre souvenir elle est la même, pourtant si vous aviez la possibilité d'y marcher vous seriez étonné de tout ce que vous n'y reconnaîtriez pas, tout ce qui s'est effacé si récemment sans pourtant y laisser de trace. La ville est autre, le passé est autre. Tourner des pages devenues si vite un peu fragiles et tomber par hasard sur un de vos propres articles, c'est comme marcher dans cette ville hypothétique d'il y a cinq ans et vous voir depuis la rue, bavardant avec un ami dans un café : une scène étrange et surprenante de votre propre vie aujourd'hui complètement effacée. Tout change en permanence, votre visage, la ville où vous habitez, le journal qu'avec obstination vous achetez tous les jours, sans doute par militantisme sentimental : mais les changements sont si progressifs qu'ils vous autorisent le mirage d'une permanence illusoire et vous réconcilient avec ce qui se passait ou ce que vous étiez dans un temps révolu. C'est pourquoi vous êtes choqué de vous retrouver soudain, sans y être préparé, face à l'évidence de changements dont vous ne pouviez pas imaginer qu'ils étaient si graves.

Janvier et février 2007 présentent un pays beaucoup plus étrange, plus bruyant, encore plus perturbé que dans vos souvenirs, un pays déjà inimaginable où le terrorisme était la priorité, l'affaire la plus urgente dont traitaient les journaux. Comme tout s'oublie, si vite ! Au début de janvier 2007 résonnait encore l'explosion qui avait détruit un parking du terminal flambant neuf de Barajas, tuant deux immigrants équatoriens qui avaient eu la malchance de venir d'aussi loin pour être transformés en chair à canon par les libérateurs de la patrie basque. Venir d'aussi loin pour être tués et pour que bientôt on n'en garde pas le moindre souvenir ; c'est avec le même sentiment de remords que j'ai réalisé, en cherchant des informations sur les élections de 2008, que j'avais complètement oublié l'assassinat, au début de la campagne électorale, d'un conseiller municipal, le dernier de tous les morts, le plus abandonné, le plus rapidement effacé de notre mémoire collective où rien n'est plus urgent que d'oublier les victimes : Isaías Carrasco.

2007 ressemble à un pays sauvage. Le journal que je feuillette dans le taxi qui m'emportait durant l'été 2012 vers mon voyage dans le temps comporte si peu de pages qu'il se froisse désagréablement entre mes mains, qu'il s'évanouit dans l'air. En revanche, le journal d'un samedi ou d'un dimanche de janvier 2007 est un bloc épais de papier imprimé qu'on n'en finit pas de feuilleter, où s'accumulent avec la même goinfrerie reportages, longues tribunes d'opinion et annonces : des pages entières proposant des voitures de luxe, des croisières, des séjours exotiques, des cliniques de chirurgie esthétique, des appartements avec terrasse dans le centre de Madrid – rubriques aussi épaisses que les anciens annuaires du téléphone, débordantes d'annonces de vente de logements, de zones urbaines entières nouvellement construites, de toutes espèces de plaisirs érotiques.

58

Dans cet étrange pays, tout est au superlatif, tout est en croissance, et les données publiées dans les bilans de 2006 sont un catalogue de records. En 2006 on a mis en chantier 798 700 logements, meilleur chiffre historique. L'Espagne accapare 26 % des billets de cinq cents euros circulant en Europe. À Villanueva de la Torre, province de Guadalajara, la population est passée en un an de 500 à 1 500 habitants. À Chiloeches, 2 200 habitants, on projette la construction de 6 500 logements, plus un terrain de golf de 80 hectares. Seseña qui en 1996 avait 3 600 habitants en compte 16 000 au début de 2007 et désire passer de 5 096 logements à 32 000, pour atteindre très rapidement 100 000 habitants.

Ribatejada veut multiplier sa population par 11 et construire 2 200 villas sur 129 hectares de terrains jusque-là agricoles, dont une partie classée zone spéciale de protection des oiseaux. Son maire déclare que les habitants s'enrichiront avec la requalification des terrains, non sans se plaindre des entraves qu'il subit sous la pression des écologistes : « Dans des localités de la Manche on abat des chênes verts gros comme ça et on nous demande des explications pour quelques genêts. » En dépit de la loi, le maire de Torrelodones accorde 1 343 permis de construire, après avoir requalifié 128 hectares de terrains.

Les perspectives économiques pour 2007 sont encore meilleures que pour 2006. Le Fonds monétaire international prévoit une croissance de 4,9 % pour l'économie mondiale. Almuñécar, province de Grenade, projette de construire 34 933 logements plus quatre terrains de golf, passant de 26 000 à 90 000 habitants. Sanabria de Guadiana, 400 habitants, s'agrandit de 9 hectares constructibles à 181. Dans ce qu'on a baptisé « le Manhattan de Cullera », à l'embouchure du Turia, s'élèveront 35 gratte-ciel. À Alicante, un promoteur gagne 120 millions d'euros en obtenant la requalification de terrains non constructibles situés en zone humide. À Las Navas del Marqués, la municipalité décide l'abattage de 3 000 pins protégés pour créer la « Cité du golf » qui comprendra 1 600 villas, un hôtel et quatre terrains de golf. En Espagne, le prix des terrains a augmenté de 500 % entre 1997 et 2007. Le prix des appartements de luxe est plus élevé à Madrid qu'à

New York, Monte-Carlo, Tokyo, Hong Kong, Singapour, Dubaï. Selon son maire, la commune de Brea de Tajo, 486 habitants, veut atteindre les 60000 en construisant 2731 logements sur 2450 hectares. La municipalité de La Vila Joiosa a voté un plan d'urbanisme qui la fera passer de 25000 à 137000 habitants, en construisant 34633 logements plus trois terrains de golf. Pour bâtir 1 500 maisons, la municipalité de Torrelodones annule la protection environnementale d'une zone de 20000 chênes verts et de 1 500 genévriers, qui abrite de nombreuses espèces d'oiseaux protégés. La communauté de Madrid installe un terrain de golf à l'intérieur de la ville, sur les terrains du Canal d'Isabel II, à l'origine destinés à un parc public. À Pilar de la Horadada, province d'Alicante, on construit 5200 habitations sur 260 hectares de terrain agricole. Serranillos del Valle, à 32 kilomètres de Madrid, approuve la construction de 1430 logements et d'un terrain de golf de 18 trous sur 229 hectares de terres agricoles. Dans la province de Madrid sont réalisés ou en cours de réalisation 30 terrains de golf, 42 en Catalogne, 89 en Andalousie. La société Royal Marbella Estates a acquis en 2002 et 2004 des propriétés rurales pour une valeur de 9,71 millions d'euros, les revendant en 2004 pour 101,6 millions avec un bénéfice de 91,9 millions d'euros. Totana, province de Murcie, approuve la construction de 40000 logements, dont 4000 sur un terrain archéologique et forestier, sans la certitude de pouvoir assurer la distribution d'eau. En Espagne, le nombre des emplois atteint les 20 millions : 687 500 ont été créés en 2006, la majorité dans le bâtiment. Caja Madrid[1] atteint 1,052 milliard de bénéfices, principalement grâce à son secteur immobilier. Fresno del Torote, à 44 kilomètres

1. Caja, ou Caixa : caisse d'épargne (locale ou régionale).

de Madrid, approuve la construction de 3 000 logements dans une aire de protection des oiseaux migrateurs.

Le littoral méditerranéen est saturé par la densité de la circulation. Dans les cinq années à venir, l'Espagne investira 10,6 milliards d'euros pour rénover 9 900 kilomètres de son réseau routier. La Confédération hydrologique du Tage n'assurera pas la fourniture d'eau aux 1 132 logements autorisés par la municipalité de Paredes sur une zone requalifiée de 92 hectares, beaucoup d'entre eux étant situés dans la zone inondable d'un cours d'eau. Fernando Martín, patron de la société immobilière Martinsa, achète son rival Fadesa pour 4,45 milliards d'euros. En 2006, les fonds espagnols d'investissement en actions se sont valorisés de 30 à 40 %. Valdemoro approuve la construction de 15 000 logements, et Rivas de 15 000 autres. Casarrubios, 2 500 habitants, dispose d'une piscine olympique, d'une école de musique, d'un fronton de pelote basque et d'un terrain de football avec gazon artificiel. Le groupe Sacesa, principal actionnaire de Metrovacesa, emprunte 2,1 milliards d'euros pour financer un accroissement de sa participation dans la principale société immobilière espagnole. Dans un marché vertigineux, la foire d'art contemporain Arco démarre dans l'euphorie en présentant des œuvres de Damien Hirst dont les prix varient de 300 000 à 700 000 euros. La province de Ségovie accepte de supprimer la protection environnementale d'un domaine dont elle est propriétaire, La Quintanilla, à Palazuelos de Eresma, pour y installer un terrain de golf, un centre d'activités et de congrès et quatre hôtels. Les bénéfices du groupe Prisa ont augmenté de 50 % et son budget publicitaire de 45,8 %. BBVA achète une banque aux États-Unis pour 7,4 milliards d'euros. L'Espagne crée de nouveau la surprise dans le monde avec des résultats économiques dépassant les prévisions.

L'excédent de la Sécurité sociale va au-delà des prévisions du gouvernement. Les ateliers de Villacañas atteignent une production record d'un million de portes par an. Le nouveau terminal de Barajas qui a coûté 6,3 milliards d'euros est le quatrième d'Europe pour les mouvements d'avions et le cinquième pour le nombre des passagers.

59

Les bénéfices de Caja Castilla-La Mancha augmentent de 39 %. Ceux de Caja Astur de 31,9 %. La cotation boursière de la société immobilière Inbesós s'est accrue de 66,7 % en seulement deux jours. Le conseiller délégué et les cadres de la Caja Madrid gagnent 11,7 millions d'euros. Le département hypothécaire Blue Joven de BBVA finance jusqu'à 100 % d'une maison sur une période de quarante ans, avec soixante mois de carence. Confrontées au manque de professionnels dans le bâtiment, les entreprises vont les débaucher sur des chantiers, les chipant à leurs concurrents. En 2007, la Bourse espagnole se qualifie de nouveau comme la plus rentable d'Europe. Le groupe immobilier Marina d'Or a gagné 117 millions d'euros, contre 63 millions l'année précédente. Les bénéfices de Caja Burgos ont augmenté de 31 %. La croissance économique s'accélère pour atteindre 4 %, deux dixièmes de plus que prévu. Le groupe de construction ACS, avec un bénéfice net de 1,25 milliard d'euros, double ses gains de l'année précédente. La société immobilière Urbis a gagné 204 millions l'année dernière, 38 % de plus que l'année précédente. Les bénéfices de la banque March sont en augmentation de 90 %. Les bénéfices du domaine immobilier de Sacyr se sont accrus de 34 % en 2006. Le bénéfice total des caisses d'épargne augmente de 48 %. La société immobilière Renta Corporación a gagné 47,5 millions d'euros, 46 % de plus que l'année précédente. En Espagne, en janvier 2007, il y avait 111 millions de billets de cinq cents euros en circulation, 15 % de plus qu'à la même date en 2006. Sur un rond-point d'accès à la ville de Navalcarnero, 18 000 habitants, on vient d'installer la sculpture *Chrystal Garden*, de l'Américain Dennis Oppenheim, payée 500 000 euros par la municipalité.

En 2012, Madrid pourra s'enorgueillir d'avoir la plus grande cité judiciaire du monde. En 2006, Ferrovial a augmenté ses gains annuels de 243 % grâce à la vente de son département immobilier qui lui a rapporté 1,425 milliard d'euros. Les gains de BBVA sont de 4,736 milliards d'euros, en augmentation de 20 % sur l'année précédente. L'Espagne est maintenant la septième économie mondiale. En 2006, le PIB espagnol frôle les mille milliards d'euros, avec une croissance de 3,8 % qui dépasse celle des sept plus grands pays industrialisés. La Banque de Santander devient la septième au monde pour les bénéfices avec 7,596 milliards d'euros. Bancaja atteint un bénéfice spectaculaire de 796 millions d'euros, en croissance de 140 % par rapport à 2005. Les bénéfices de : Santander, BBVA, La Caixa, Caja Madrid et la Banque populaire, les cinq plus grandes banques espagnoles, sont en croissance de 31,5 %. En janvier 2007 on a battu le record absolu des ventes d'automobiles, soit 116 503 véhicules. La Bourse espagnole atteint un nouveau record historique ; le niveau des échanges frôle les 140 milliards, presque 39 % de plus qu'au même mois de 2006, un niveau jamais atteint. Alcorcón projette de construire un énorme complexe culturel et de création artistique qui coûtera 180 millions d'euros.

Notre consommation de ciment a augmenté de 8,2 % en 2006 ; la plus importante d'Europe avec 55,7 millions de tonnes. Les trente premiers promoteurs affichent 24 % de croissance avec un chiffre d'affaires de 15 milliards d'euros. En Espagne, il y a 95,7 agences bancaires pour 100 000 habitants, la proportion la plus élevée du monde. La Confédération hydrographique du Tage ne garantit pas la fourniture d'eau à 22 nouvelles zones urbanisées. Lors de la clôture de l'assemblée générale des chambres de commerce, le président Zapatero a souligné que l'économie espagnole est « irréfrénable » avec une croissance de 3,8 % en 2006, ce qui laisse prévoir qu'en 2008 nous pourrions atteindre le revenu moyen européen par habitant, avec deux ans d'avance sur les prévisions. La Caisse d'épargne de Méditerranée s'est lancée dans une vaste campagne publicitaire en pleine page d'un niveau poétique élevé : « DIX ANS DE CROISSANCE AVEC TOI, GRÂCE À TOI ET POUR TOI. GRÂCE À TOI NOUS CONTINUONS... »

60

Comment n'étions-nous pas assourdis par ce tapage ? Que regardions-nous, à quoi pensions-nous ? Alors que mon métier est de scruter le monde pour savoir le raconter, comment n'ai-je pas prêté attention à ce qui se passait, à ce que j'avais sous les yeux, à ce que publiait le journal que j'achetais et croyais lire fidèlement tous les matins quand j'étais en Espagne ? Je pressentais quelque chose, mais ce n'était pas suffisant, et de loin. Je m'attardais trop à la surface politique et psychologique du délire pour remarquer ce qui aurait dû me sauter aux yeux : la nature délirante de l'économie elle-même. Mais comme d'autres personnes, je ne lisais alors que les informations culturelles, peut-être politiques, mais nous n'arrivions jamais jusqu'à celles de l'économie, et quand nous achetions l'édition du dimanche, nous nous contentions de mettre à part le supplément « Affaires » et de le jeter adroitement dans le conteneur de papier à recycler disposé à côté du kiosque à journaux, sans même faire attention à son épaisseur presque monstrueuse, identique à celle d'un autre supplément que nous jetions aussi, intitulé presque révérencieusement « Propriétés », rempli d'informations immobilières et d'annonces de vente de maisons, appartements, terrains, constructions urbaines, parcelles à la campagne, urbanisations sur la côte.

Jamais je n'ai pris conscience que jour après jour il y avait autant de publicités en pleine page pour des voitures de luxe, des croisières d'hiver et des cliniques de chirurgie esthétique. Chaque matin je tournais la page d'une publicité pour BMW ou Volvo sans m'arrêter sur le texte quotidiennement répété : « Tu vis ton meilleur moment. Que personne ne te le gâche. »

61

Comme tant de personnes en Espagne j'étais malade du passé, atteint par ce même délire qui chez les autres me déconcertait. Pour écrire un roman je lisais les journaux de 1936 avec plus d'attention que ceux de 2007. Je quittais régulièrement l'Espagne pour respirer un air ambiant moins vicié et m'éloigner du vacarme irritant de la bagarre politique. Je pensais qu'en étant à distance, j'aurais une meilleure vision de mon pays. Mais en réalité j'oubliais immédiatement ce que j'avais laissé derrière moi, et dans une ville étrangère mon imagination me plongeait plus profondément dans l'époque et les émotions de ce roman. En écrivant, je vivais dans une autre région du temps, elle aussi très chamboulée, entre l'automne 1935 et celui de 1936. Les informations que je lisais aux archives du *New York Times* avaient été publiées soixante-dix ans plus tôt, elles ne traitaient absolument pas de la bulle immobilière mais de l'avancée de l'armée rebelle vers Madrid, dans le premier été de la guerre. Quand je rentrais en Espagne au bout de quelques mois, je marchais des heures dans Madrid, mais ce que je cherchais c'étaient des bâtiments qui très souvent n'existaient plus et des coins de rue où, trois quarts de siècle plus tôt, gisaient des cadavres, illustres ou oubliés.

L'inquiétude, l'impression de danger et d'effondrement qui étaient à la fois l'inspiration et le thème de mon livre correspondaient à une expérience tout à fait contemporaine, mais je n'étais pas capable de les raconter avec les matériaux de ma propre époque. Cela me causait des remords qui ne s'allégeaient pas complètement même quand je me consacrais à fond au roman, quand il me possédait. J'écrivais sur l'aveuglement des gens incapables de voir ce qui se passe réellement au milieu de l'agitation du présent, par distraction ou par irresponsabilité, parce qu'ils sont préoccupés de leurs propres affaires, déterminés à ne pas accepter (sans doute par crainte) la possibilité du désastre, enclins à croire que les choses paraissent beaucoup plus solides qu'elles ne le sont en réalité. Mais moi non plus je ne voyais rien, absorbé dans mon écriture, enfermé en 2007 dans ma bulle du temps de l'année 1936.

62

Le bruit de ces gros titres et de ces chiffres de janvier et février 2007, aujourd'hui inimaginables, produisait peut-être le même effet que le fracas d'une cataracte sur ceux qui vivent près d'elle : ils finissent par ne plus l'entendre. Les pages du journal sont celles-là mêmes que nous parcourions alors, seulement aujourd'hui nous y voyons les signes évidents de ce qui était sur le point d'advenir. C'est comme reprendre un roman policier et se faire honte de ne pas avoir, à la première lecture, détecté les pistes si peu subtiles qui orientaient vers le dénouement. Une information à peine remarquée mentionne qu'entre 1995 et 2005, dans le sillage du boom immobilier et des bas taux d'intérêt, la dette des ménages espagnols a doublé, passant de 57 % à 107 % de la valeur de leurs biens. Quelques jours après est publié le chiffrage de cette dette qui a grossi de 24 % l'année précédente : au début de 2007, les Espagnols doivent aux banques 900 milliards d'euros. La dette équivaut à 132 % du revenu des ménages.

Pas de jour où ne s'ajoute un de ces indices qui auraient dû éveiller l'attention du moins avisé des amateurs de romans policiers. En 2006, de janvier à novembre seulement, les caisses d'épargne ont accordé des crédits pour une valeur de 488 milliards d'euros, 28 % de plus que toute l'année précédente. Rien qu'en 2006, le financement des projets immobiliers a augmenté de 49 % et atteint 221 milliards d'euros. L'endettement pour l'achat de logements a atteint 560,134 milliards d'euros. Le 24 janvier, l'OCDE estime qu'en Espagne les logements sont surévalués d'au moins 30 %.

Un rapport indique que, malgré les bénéfices des caisses d'épargne en croissance de 48 %, «… certains s'inquiètent de voir que la présence des hommes politiques dans leurs conseils d'administration se réduit à 25 ou 33 % ». Le pays européen qui avait la plus forte croissance, celui où les puissants et les profiteurs s'enrichissaient de la manière la plus obscène, était aussi celui où le décrochage scolaire était le plus élevé, après Malte. Au milieu de l'enthousiasme unanime s'infiltre parfois une observation plus concise, qui cependant ne parvient jamais à donner l'alerte : « Soit à crédit, soit en augmentant leur capital pour attirer de nouveaux actionnaires, les sociétés immobilières continuent d'acheter, sans tenir compte ni de leur ratio d'endettement élevé ni de la hausse des taux d'intérêt. »

Au milieu de cette folie de bénéfices multipliés comme par miracle d'une année sur l'autre, de forêts de gratte-ciel sur les rives du Júcar et de terrains de golf sur les terres assoiffées de l'Espagne pauvre, se glisse de temps en temps un avertissement auquel personne ne prête attention : un homme au regard lucide qui entrerait dans la salle où l'on joue *Le Retable des merveilles* et n'hésiterait pas à dire à haute voix que le spectacle est une escroquerie et provoque une hallucination collective. Plusieurs fois par semaine, en janvier et février 2007, El Roto publiait dans *El País* des dessins humoristiques qui évoquaient l'immensité de la corruption nourrie par la bulle immobilière et qui en accentuait les effets. Il dessinait des plages défigurées par des murailles massives de logements illégaux. Il dessinait des immeubles en construction d'où se répandait la puanteur de la merde. Un dimanche, il dessina une boule de briques géante qui paraissait suspendue au-dessus de minuscules silhouettes humaines. La légende qui l'accompagnait est l'opinion la plus accablante sur ce qui se passait alors et dont il semblait être le seul à se scandaliser aussi ouvertement, aussi obstinément : *L'apparition de grosses sphères de briques était de plus en plus fréquente, mais les experts envoyés par les autorités pour étudier le phénomène n'y ont rien vu d'étrange.*

63

Chaque jour je suis sorti comme intoxiqué des bureaux d'*El País*, j'avais le tournis. Je copiais des chiffres et des titres d'articles dans mon cahier. Je restais jusqu'à la dernière minute, jusqu'au moment tardif où je devais rentrer chez moi. Le bureau où je consultais les volumes anciens du journal était séparé de la rédaction par une cloison de verre. Je n'avais qu'à lever les yeux pour voir le présent de l'autre côté de la vitre. C'était le matin, au mois d'août, et il n'y avait pas grand monde à la rédaction. Je voyais de loin la luminosité des écrans d'ordinateur où s'affichaient les informations du temps présent. Je voyais ce temps présent depuis l'intérieur de ma bulle de mots et de temps vieille de cinq ans. Je ressentais comme l'étourdissement d'un plongeur qui revient trop vite à la surface. Je sortais et, dans la rue, la chaleur sèche et excessive de Madrid me frappait comme une gifle. Les zones presque désertes de bâtiments industriels traversées par le taxi sur le chemin du retour avaient un air de ruines, ruines du pays actuel, celui auquel correspondaient les informations que le chauffeur écoutait à la radio ou que je lisais dans le journal du jour, beaucoup moins épais qu'en 2007 : beaucoup moins de pages, très peu d'annonces, un papier plus rêche, presque sur le point de se désagréger.

Le journal du 2 février 2007 comportait vingt-huit pages d'annonces de logements à vendre. Dans celui d'aujourd'hui pas une seule. Ni voitures de luxe, ni croisières, ni cliniques de chirurgie esthétique, ni promotions d'appartements sur le front de mer, ni terrains de golf. Émergeant à peine du pays qui aurait bientôt plus de kilomètres de lignes TGV que la France ou le Japon, je me trouvais dans un autre pays où le gouvernement ne semblait pas trouver de meilleure parade à la faillite que de faire payer les médicaments aux retraités ou de refuser l'assistance médicale aux sans-papiers. Dans le journal d'il y a cinq ans, le vice-président de la Catalogne était en voyage en Inde avec une délégation de vingt personnes et dans celui d'aujourd'hui la *Generalitat* annonce qu'elle demandera une contribution aux familles dont les enfants utilisent les réfectoires des écoles alors qu'ils apportent eux-mêmes leur déjeuner. Avec la chaleur, les incendies de forêts redoublent plus que jamais, et on manque de moyens pour les contenir, tout comme il n'y en a pas eu pour débroussailler et prévenir la catastrophe. Une des îles Canaries semble brûler en entier, sans parade possible. À la radio un journaliste dit : « Le feu avance sans contrôle. » Plus tard, au journal télévisé, je vois tout un versant en feu et un petit hydravion perdu dans la fumée larguer un ridicule chargement d'eau sur la forêt en flammes.

64

Le pillage commis dans notre pays il y a cinq ans était donc à ce point immense ; pourtant ce n'est qu'aujourd'hui que je m'en rends vraiment compte. C'était un fracas si assourdissant et si continu qu'il était sans doute facile de ne plus l'entendre. À l'occasion nous le percevions comme un bruit de fond, qui de plus pouvait se manifester de façon anecdotique, avec une bouffonnerie bien espagnole, honteuse comme un programme de télévision vulgaire à la Berlusconi : les entrepreneurs ordinaires se remplissant les poches, les richards trempant dans une piscine de Marbella, exhibant des chaînes d'or sur leur poitrine velue. Mais je le réalise maintenant, je n'ai pas souvenir d'avoir eu véritablement conscience de ce qui s'étalait quotidiennement dans le journal (comme s'y trouvaient les pages d'annonces et les informations sur les bénéfices astronomiques des caisses d'épargne et des sociétés immobilières, sur l'épidémie de terrains de golf) : dans le pays déboussolé d'il y a cinq ans – qu'apparemment je ne perçois qu'aujourd'hui avec clarté – il n'y avait pas un seul jour où la presse ne dénonçât une nouvelle affaire de corruption.

Le bruit de l'argent et le bruit du brigandage vont de pair, et avec le recul du temps leurs vacarmes associés noient presque complètement l'histrionisme des voix politiques qui, à l'époque, nous cachait ces bruits ou nous en détournait. Quand on l'écoute avec attention, ce bruit représente un ronron monotone : terrains, promoteurs, municipalités. Dans l'Espagne des mirages et du *Retable des merveilles*, pour devenir riche il n'est besoin ni d'inventer, ni de fabriquer quoi que ce soit, ni d'engager ses efforts et son argent pour développer une technologie qui générera, ou non, des bénéfices avec le temps, ni de créer des emplois, ni de rien savoir. Ce qu'il faut, c'est être maire ou adjoint à l'urbanisme et avoir le pouvoir de requalifier des terrains agricoles comme constructibles ; c'est jouir de la confiance d'un maire ou d'un adjoint, ou simplement l'avoir acheté, pour savoir à temps quels terrains vont être requalifiés. C'est tout. Pas besoin de plus. Et c'est ce qui se passait en janvier et février 2007, c'est ce qui éclatait parfois comme crève un abcès parce qu'un juge ouvrait une enquête, ou parce qu'un entrepreneur se lassait de payer des pots-de-vin et envoyait une dénonciation, ou parce que dans le parti adverse ou même dans le parti des corrompus une personne en avait assez d'être le témoin passif de tant de canailleries. Pour noter tout ce qui concernait les filouteries et les pillages, je manquais de pages dans mon cahier.

65

Aux Canaries, des promoteurs achètent des terrains agricoles pour 30 millions d'euros. La municipalité leur en achète une partie pour 53 millions, puis requalifie le tout, et les promoteurs revendent leur part 120 millions. Le maire de Catral (Alicante) est accusé de prévarication pour avoir autorisé la construction de 1 270 villas sur des terrains inconstructibles et sans permis : l'entreprise de construction appartient à sa sœur. Le maire d'Orihuela est inculpé : il vivait dans une villa et disposait d'une Rolls Royce appartenant à un promoteur, bénéficiaire d'une adjudication de terrains inconstructibles. La garde civile a arrêté l'ex-maire d'Alcaucín (Málaga) et trouvé 160 000 euros sous son matelas, apparemment le produit de commissions touchées pour autoriser des milliers de logements illégaux sur la commune, localité de 3 000 habitants où sont recensées 58 entreprises de construction et 75 sociétés immobilières. Le maire d'Alhaurín de la Torre et son adjoint à l'urbanisme sont arrêtés pour avoir exigé 122 000 euros d'un promoteur après lui avoir accordé une autorisation de travaux. Le maire d'Andratx et un fonctionnaire de l'urbanisme avouent avoir reçu 2 millions d'euros en cinq ans pour des accommodements d'urbanisme. Chez un conseiller municipal de Marbella, la police a découvert 378 000 euros en billets de cinq cents. Julián Muñoz, ex-garçon de café et maire de Marbella, a amassé une fortune de 35 millions d'euros. Celle de Luis García, dit Luigi, ex-syndicaliste et entrepreneur, est évaluée à 32 millions d'euros. Le maire de Llíber a reçu 900 000 euros pour requalifier les terrains destinés à 300 maisons. L'ex-conseillère qui a accusé un maire de prévarication a porté plainte pour menaces : « Comme tu m'as baisé, je m'occuperai de ta famille et, à toi, je te couperai le cou. »

Le maire d'Alhaurín el Grande attribue son arrestation à des représailles politiques : « Ce n'est pas après moi qu'on en a, c'est après le Parti populaire ! » lance-t-il à un groupe de militants à la sortie du tribunal. Un ex-maire devenu promoteur gagne 100 millions d'euros en deux ans grâce à des constructions sur terrains requalifiés. Deux entrepreneurs de Murcie sont arrêtés pour fraude. Le fonctionnaire directeur de l'urbanisme d'Andratx, possède un appartement de luxe à Paris et une collection d'art classique. L'entrepreneur Francisco Gómez, alias el Palomo, ignore une décision de justice et abat trois mille arbres protégés de la pinède de Las Navas del Marqués. En 2004, la municipalité d'Estepona a reçu, sur le compte des conventions d'urbanisme, plus de 2 millions d'euros de contributions volontaires de la part de promoteurs. Le maire de Ciempozuelos, accusé d'avoir reçu 40 millions de commissions, est parti pour Andorre ouvrir un compte d'un million d'euros. Le maire d'Alhaurín de la Torre détenait 63 000 euros en liquide chez lui. En 2006, les services de lutte contre la corruption ont saisi 3 milliards d'euros d'argent sale ainsi qu'une longue liste de biens : des centaines de logements, plus de 200 propriétés, 24 locaux commerciaux, 15 places de parking, 686 voitures de luxe, 15 bateaux, 200 taureaux de combat, 133 chevaux, un lance-fusées, des dizaines d'armes à feu, 390 œuvres d'art, 34 kilos d'or et 180 de pierres précieuses. L'ex-directeur de l'urbanisme de la communauté de Madrid gagne 4 millions d'euros dans une opération immobilière. Deux conseillers municipaux sont arrêtés à Pontevedra au moment où ils allaient recevoir une commission de 50 000 euros. Le juge confirme l'inculpation du maire de Camas et de trois conseillers municipaux. Le maire d'Andratx a gagné 1,8 million d'euros dans des opérations immobilières et reçu 1,1 million comme dessous-de-table. La municipalité de Marbella était si corrompue que le maire et tous les conseillers ont été démis de leur charge ; une commission administrative a été constituée pour gérer la commune. Le gouvernement des Baléares a bloqué une plainte dénonçant le plus grand *pelotazo* immobilier d'Andratx. Un garde forestier a constaté en février 2006 que sur un terrain protégé où l'on ne pouvait bâtir qu'une seule habitation on était en train d'en construire 150. Accusé d'avoir reçu des virements irréguliers en échange de passe-droits, le maire de Santa Marguerida démissionne mais nie pourtant reconnaître sa voix sur les enregistrements de la police qui l'incriminent car, dit-il « il ne veut pas servir de bouc émissaire ». Soupçonnant des dessous-de-table, un juge bloque l'opération immobilière de la Cité des sports de Valence. Les dix affaires de corruption politique les plus retentissantes de 2006 ont mené en prison une demi-douzaine de maires et une trentaine de conseillers. Francisco Roca, ancien adjoint à l'urbanisme de la commune de Marbella, a amassé en quinze ans une fortune de 210 millions d'euros.

66

Je copiais des chiffres, des gros titres, des noms, penché sur les pages des journaux, sur le grand volume ouvert qui avait le poids d'un in-folio, semblable à ces antiphonaires qui trônent dans le chœur des cathédrales. Je copiais sans lever la tête, sans revenir au présent, et quand je regardais ma montre j'étais étonné d'y avoir passé plusieurs heures et d'avoir si peu avancé dans le temps. Au bout d'un moment la fatigue, la monotonie, les noms toujours répétés, les mêmes histoires, l'histoire unique de ce qui se passait alors me submergeaient. Et je réalisais que ce que je copiais et voyais n'était qu'une partie de ce qu'avait publié un seul journal, et une part encore plus restreinte de toutes les affaires que la police et les juges avaient instruites, et surtout qu'il ne s'agissait pas d'un panorama complet de la corruption mais d'un simple échantillon, une somme de fragments isolés, quelques-uns des symptômes de la maladie et non l'étendue dévastatrice de l'épidémie. Combien d'abus n'ont-ils été ni dénoncés ni sanctionnés pour la simple raison qu'ils avaient été commis sans avoir à s'écarter d'une légalité organisée pour les permettre ? Combien sont-ils restés sous des épaisseurs de silence complice peu à peu amassées sur la vie publique espagnole : se taire par commodité, se taire par peur, se taire par paresse, se taire par cynisme, se taire par militantisme, se taire par complicité, se taire pour ne pas se distinguer du groupe, se taire pour ne pas déplaire à sa famille, se taire pour ne pas être un rabat-joie, se taire pour ne pas paraître à contre-courant de son époque, se taire par crainte de ne pas sembler moderne, ou patriote, se taire pour ne pas recevoir de lettres anonymes ou ne pas voir incendiée la porte de sa maison, se taire en voulant se convaincre qu'en fin de compte les choses ne peuvent pas être autrement.

67

Dans ces années les plus obsédées par la mémoire historique, on a lobotomisé la mémoire visuelle des paysages espagnols, la plus fragile, non pas celle de certains monuments particuliers mais celle de l'architecture populaire, la prose de notre vie, l'héritage de siècles d'adaptation savante et obstinée à des conditions presque toujours ingrates, la cohésion organique entre les paysages naturels, l'agriculture et la construction, cette beauté austère qu'on trouvait presque partout en Espagne et qui n'avait aucune raison d'être incompatible ni avec le développement ni avec le droit pour chacun d'améliorer ses conditions de vie.

Rien n'était digne d'être respecté. Rien n'était à l'abri du pillage, pas même des écosystèmes tellement singuliers qu'ils avaient été expressément protégés par la loi. Un de ces matins de voyage à travers le temps, en sortant du journal, tandis que j'attendais un taxi dans une chaleur saharienne, j'ai engagé la conversation avec un journaliste qui attendait lui aussi et qui m'a demandé pourquoi je passais tant d'heures enfermé dans un bureau à regarder de vieux numéros. Quand je le lui ai expliqué, il m'a dit qu'il se rappelait très bien ces années-là. Il travaillait alors au service « Société » et s'était spécialisé dans les informations sur l'environnement. « Tu ne peux pas savoir ce que c'était, me disait-il, tu allais d'une ville à l'autre pour enquêter sur ce genre d'abus et tu étais menacé. Au mieux on te traitait d'écologiste de merde. Même à la rédaction on me regardait de travers à cause de mes articles. Un jour, un de mes chefs m'a dit : "Tu veux que je te dise mon avis ? Qu'il ne reste plus un seul de ces oiseaux sauvages. Qu'on les zigouille tous. Qu'il n'en reste aucun." »

C'était la vieille intolérance espagnole parée des raisonnements de la prospérité moderne, célébrant brutalement le triomphe de la barbarie. Luis Cernuda dit : « *L'Espagnol redoutable / qui guette la perfection / une pierre à la main.* » Lors d'un vol vers New York, ma femme a rencontré un haut responsable de la culture du gouvernement d'Aragon, à l'époque où l'on discutait le projet d'une sorte de mégapole de casinos dans le désert de Monegros. Lorsque, poliment, elle lui a dit que cela lui semblait une absurdité, ce responsable a réagi avec une ironie agressive : comment, elle était encore une de ces amoureuses des paysages ruraux ? Une de ces snobs qui désirent que les villages continuent de n'être rien d'autre que des cartes postales ? Le grand manitou de la culture aragonaise répétait sans cesse ces mots : *cartes postales*. La seule alternative au sous-développement que son gouvernement et lui avaient su imaginer, c'étaient des casinos. Et quiconque les contredisait était un mou, un sentimental et un élitiste. Et de plus un ennemi du progrès en Aragon.

Mais ces gens-là n'apprennent jamais rien, ne tirent aucune leçon de rien : aujourd'hui, dans la province de Madrid, le grand espoir de progrès réside dans un autre projet de casinos et de bordels.

68

Voilà l'atmosphère dans laquelle j'ai trempé. Le niveau maximum de la vilenie éthique et esthétique. L'amour farouche de chacun pour défendre sa propre terre s'accommodait parfaitement d'un acharnement triomphal à défigurer ou à détruire ce qu'elle recelait de plus précieux. Telle une épidémie qui se propage sur presque tous les paysages espagnols, des bourgs les plus petits aux villes qui en d'autres temps avaient été belles, des étendues de la Meseta aux immensités du littoral, cette laideur est l'équivalent visible d'une laideur d'esprit dont nous avons tant de mal à nous sortir.

En septembre 2007, j'ai fait avec ma femme un voyage de quelques jours dans ma ville natale. Depuis des années je n'y étais pas revenu ou plutôt je n'y avais pas séjourné assez longtemps pour me rendre compte des changements. En arrivant de Madrid, la laideur des abords était encore plus effrayante que dans mon souvenir : des hectares de maisons jumelles au milieu du plateau, des centres commerciaux géants. Mais en longeant la ville par l'ouest en direction du sud, j'ai découvert que l'ample perspective qui accueillait le voyageur arrivant de loin avait presque complètement disparu : les cultures en terrasses sur la pente et, au-dessus d'elles, la ceinture de grès des remparts couronnés à leur tour par les maisons blanchies à la chaux et les clochers des églises. Désormais, on ne voyait qu'une traînée atroce de lotissements, villas en série et blocs d'appartements, qui détruisaient soudain un ensemble visuel unique installé là depuis des siècles et qui, avec la sagesse spontanée de ce qui s'est construit peu à peu, au long des temps, intégrait la beauté du ciel et l'évidence du travail des hommes, la verdure des cultures maraîchères, le souvenir des fortifications musulmanes et celui de la ville chrétienne au Moyen Âge et à la Renaissance.

Presque tout était saccagé, et l'image d'une destruction similaire se renouvelait quand on se promenait dans la ville. Tout était transformé en une variante d'un quartier neuf de Getafe, de Villaverde Alto, de Cuenca, ou d'Alhaurín el Grande, de n'importe laquelle de ces villes ou de ces bourgs espagnols où l'on réalisait des milliers de logements, des zones industrielles, des terrains de golf, des parkings, ces villes dont les maires ou les conseillers municipaux ouvraient des comptes en Andorre et conduisaient des voitures de luxe payées par les promoteurs qui étaient leurs parents ou leurs amis.

Les balcons et les balustres de plâtre blanc tourné étaient l'un des traits distinctifs de ces constructions nouvelles qui avaient prospéré à Úbeda pendant mon absence, on les retrouvait aussi bien dans les blocs massifs d'immeubles que dans les villas, avec gazon et piscine, isolées du plateau par un grillage. Quelqu'un m'a raconté que c'était là un échantillon des goûts esthétiques d'un ancien grossiste en fruits devenu multimillionnaire dans le bâtiment, celui qu'on appelait : El Cipri.

Sur la modeste place qui se trouve au centre de la ville, avec sa tour almohade et ses arcades du XIXe siècle, on avait ouvert une énorme entrée de parking. Un parking pour attirer de la circulation vers le centre d'une ville que l'on peut traverser à pied d'un bout à l'autre en un quart d'heure ; un parking qu'on n'avait même pas fait l'effort de dissimuler dans la mesure du possible ; il était bien là et tenait de la place avec sa rampe d'accès et sa machinerie d'ascenseur dans une structure cubique spectaculaire ; un parking pour drainer des voitures vers ce quartier congestionné du centre, pour permettre de profiter des embouteillages si l'on désirait s'y rendre.

Nous avons parlé avec une conseillère à la culture, une personne bien intentionnée qui tenait une boutique de céramique. Notre désolation et nos plaintes l'ont beaucoup surprise. La ville devait se moderniser, nous ne pouvions pas demeurer dans le passé. Nous autres, arrivant de Madrid, que savions-nous d'Úbeda ? Ne faisions-nous pas preuve de l'arrogance bien connue de ceux qui habitent la capitale ? À l'instant même où nous aurions osé manifester notre désaccord en public, le réflexe irrité de défense du particularisme local aurait transformé notre critique en offense avec la soudaineté d'un mécanisme automatique irréfléchi. Il n'existait pas la moindre faille pour tenter de convaincre qu'une autre forme de progrès aurait été possible et que, pour l'atteindre, le respect du patrimoine urbain et naturel non seulement n'était pas un obstacle mais bien une stimulation. Une ville qui ne ressemble à aucune autre continuera d'attirer des visiteurs durant des générations, et avec eux un courant de prospérité durable qui ne tarira pas ; ici, en revanche, la richesse obtenue en détruisant pour construire s'est tarie, et les dommages sont irréparables.

69

Souvent je me suis attristé de revenir, que ce soit dans ma ville natale ou dans mon pays, et j'en suis reparti avec soulagement. Je sais bien que c'est un sacrilège de le dire. J'ai aimé être au loin, m'échapper en mettant de la distance entre moi et ce qui m'accablait ou m'indignait, qui me faisait peur. La dégradation du débat politique m'effrayait, j'étais blessé par la rudesse croissante de grands pans de la vie quotidienne, causée par la négligence pour ce qui, appartenant à tous, ne semble appartenir à personne, et par l'absence de considération pour les autres : l'impatience agressive des conducteurs sur les passages à piétons, la réplique coléreuse à la moindre plainte pour un comportement incivique, le vacarme des voitures qui roulent en ville les vitres ouvertes et la musique à fond, celui des bars la nuit, celui de qui organise chez lui une fête à des heures indues sans le moindre souci du repos de son voisin, et qui sera capable de le menacer si ce dernier ose protester, le vandalisme des buveurs qui envahissent la voie publique et la laissent souillée de déchets, d'urine et de vomi ; et je me suis aussi découragé de l'indifférence des autorités pour le bien-être ou même pour les droits des citoyens qui les entretiennent par leurs impôts et découvrent que face aux abus, leurs plaintes à la police ou aux organismes théoriquement responsables restent lettre morte.

Je me suis offusqué de voir proliférer la sottise et la grossièreté sur les chaînes de télévision privées qui, en fin de compte, sont concessionnaires d'un espace public et devraient, d'une manière ou d'une autre, se sentir responsables et pratiquer une sorte d'autocontrôle ; mais je me suis encore plus offusqué de l'indulgence de ceux qui acceptaient ou même célébraient toute cette crasse, personnes en principe cultivées et en principe progressistes qui se sont laissé séduire ou qui simplement n'ont pas osé rompre avec la mode, ni courir le risque de paraître élitistes, ou aigries, ou rabat-joie.

Quand triomphe la barbarie, ce n'est pas grâce à la force des barbares mais à cause de la capitulation des gens civilisés.

Je me suis attristé de voir cyniquement acceptée la réussite des arrivistes des corrompus et des pistonnés, mais aussi de constater les difficultés rencontrées par beaucoup de personnes brillantes et honnêtes pour exercer leurs capacités et recevoir la juste récompense de leurs mérites, alors qu'elles ont contribué au progrès commun. J'ai été consterné de voir que très souvent peu importait que les choses soient bien faites ou faites n'importe comment ou pas du tout, que le mérite ne soit pas reconnu – que la fraude et la tricherie ne soient pas sanctionnées –, que le favoritisme et le mensonge soient admis avec naturel que ce soit pour un prix littéraire ou pour attribuer une chaire à l'université, que les écoles publiques soient dépourvues de moyens tandis que les écoles privées et religieuses accaparent les subventions, qu'il soit toujours plus difficile pour un fils d'ouvrier ou d'immigré que pour celui d'un privilégié de découvrir et de cultiver, grâce à l'éducation, le meilleur de lui-même.

70

Mais j'ai aussi aimé partir pour partir, pour le plaisir, pour l'impression romanesque de me sentir étranger, l'un des plus vieux rêves de ma vie qui, déjà lorsque j'étais enfant, faisait que je me postais sur les miradors d'Úbeda et voulais savoir ce qui pouvait bien se trouver derrière la Sierra de Mágina. Je ne pense pas qu'il faille demeurer accroché à son territoire d'origine. Certains veulent rester quand d'autres veulent partir, et les deux attitudes méritent le respect. C'est une faute d'expulser celui qui veut rester, ou de lui rendre la vie si difficile qu'il n'ait d'autre solution que de tenter l'exil. Il n'est pas non plus légitime de fermer la frontière à celui qui veut partir et de le traiter de déserteur. Chacun est comme il est. J'ai même lu que, dans chaque espèce, le besoin de partir et celui de rester sont génétiquement partagés, augmentant ainsi les possibilités de survie.

Depuis mon enfance j'ai voulu partir, sans que personne m'encourage ou me raconte des histoires sur le monde extérieur. Mon père qui, en prenant de l'âge, a beaucoup aimé voyager et avait le don de se trouver bien partout, ne s'est jamais senti plus à son aise que dans la ville où il était né et où il a toujours vécu.

On regarde parfois de haut celui qui reste. Mais il est plus fréquent de se méfier de celui qui est parti. En Espagne on a délibérément cultivé un sédentarisme béat. Rester sur sa terre c'est demeurer fidèle à ses racines. Partir ressemble un peu à une trahison. En d'autres temps, l'idée de partir était respectable : pour se construire une vie nouvelle, pour chercher fortune, pour voir le monde, pour acquérir cette liberté dont on ne jouit que parmi des inconnus. Maintenant que la fierté des origines est devenue une idéologie généralisée, s'en aller sert avant tout à confirmer leur supériorité. Celui qui est parti et ne revient pas immédiatement sera vite suspecté d'arrogance. Quand il revient et qu'on lui dit, comme si souvent en Espagne : « nulle part on ne peut vivre comme ici », il lui faudra prendre des précautions pour avancer qu'il existe beaucoup d'autres endroits où l'on vit aussi bien, sinon mieux, et que comparer des lieux entre eux peut tout autant servir à célébrer des réussites qu'à prendre conscience de défauts. Mais jamais on n'épuisera le talent espagnol pour nier la légitimité des critiques ou les retourner contre leur auteur, pour s'enfermer dans la satisfaction orgueilleuse mais extrêmement fragile de ce qui nous appartient en propre.

Au début j'étais surpris par cette réaction, par cette pointe inattendue d'agressivité qui s'est accentuée à mesure que s'installaient les communautés autonomes. Je suis parti vivre à Madrid en 1992 et, quand j'étais interviewé pour l'un des médias andalous, il devint habituel de me demander pourquoi j'avais « quitté l'Andalousie ». Comme si j'étais parti dans un autre pays en abandonnant le mien, le désertant par orgueil ou opportunisme pour faire une carrière littéraire dans la capitale. Comme si je m'étais vendu au pouvoir centralisateur de Madrid. Au début je répondais par des banalités : qu'en réalité je n'étais pas parti, que j'allais et venais, etc. Mais il m'est apparu indigne de me soumettre et d'accepter cette attitude d'inquisition molle. J'ai alors décidé de donner toujours la même réponse, qui était brève et claire, et de plus exacte : « Je suis parti à Madrid par amour. »

71

J'ai fait mon éducation en partant et revenant et partant à nouveau. J'avais seize ans quand j'ai quitté la première fois ma terre continentale pour voir la mer. À mon retour après dix jours seulement, je me suis étonné de constater combien tout était âpre et sec, depuis le paysage jusqu'à l'accent que je n'avais pas remarqué jusque-là. Sur la côte d'Almuñécar, j'avais découvert que le contour des choses pouvait être moins tranché et leurs couleurs moins violentes : la brume et la brise de mer adoucissaient tout, donnaient à la vie un caractère plus hospitalier ; le soleil d'indolence exotique sous lequel semblaient vivre les touristes n'était pas celui qui nous foudroyait quand nous autres allions travailler aux champs. Durant mon enfance, l'été dans ma région était le temps des moissons, du battage qui vous laissait la gorge sèche, envahie par la poussière tenace du blé et de l'orge, c'était aussi celui où l'on bêchait la terre dans les oliveraies. Ce modeste voyage en autobus vers un village de pêcheurs et de touristes, avec des maisons blanches face à la mer, des haies de corossols qui répandaient un vert parfum de plantation tropicale, fut pour moi comme une découverte précoce des mers du Sud, mais aussi un débordement de promesses sexuelles, même si les femmes qui éveillaient mon imagination n'étaient pas les brunes de la région mais les étrangères blondes venues des fabuleux pays du Nord.

Dès que j'ai commencé à m'intéresser à la littérature et à avoir un peu de conscience politique j'ai remarqué que certaines des personnes qui me semblaient les plus dignes d'admiration avaient choisi de quitter l'Espagne ou en avaient été expulsées ou avaient dû s'enfuir pour éviter d'être tuées. Quelques-uns des écrivains les plus talentueux avaient été assassinés ou avaient péri en prison. Antonio Machado, Manuel Azaña, Max Aub, Pedro Salinas, Luis Cernuda, Margarita Xirgu étaient morts sans avoir pu revenir. José María Blanco White avait renoncé à sa nationalité et même changé de nom. L'exil pouvait être un destin honorable.

J'ai voyagé en Italie à vingt-deux ans, ébloui de voir dans la réalité les tableaux et les architectures que j'avais étudiés dans les livres d'histoire de l'art, et j'ai aimé la manière chaotique et vivante dont les Italiens préservaient le passé, le transformaient en une partie émouvante du présent. Je me rappelle mon émotion quand, à mon réveil après une longue nuit de train, j'ai regardé derrière la vitre les maisons de la ville frontière de Vintimille dans la brume humide de l'aube. Il y régnait une odeur intense de terre humide et de forêt. La peinture ocre des façades dégradée par le temps et la pluie ainsi que les persiennes de bois des hautes fenêtres symbolisaient, dans leur différence avec ce que je connaissais, l'excitation de la nouveauté, la promesse de l'Italie. À Úbeda, à Grenade, la beauté avait toujours été discrète et presque recueillie, menacée par la barbarie urbaine qui déjà à cette époque abattait les arbres d'un boulevard pour le transformer en autoroute et détruisait sans respect le tissu des villes. En Italie j'ai vu une beauté qui vous emportait dans le grand tourbillon de sa démesure, et j'ai pris conscience pour la première fois de ce que j'ai ensuite constaté très souvent en voyageant en Europe et qui m'a toujours causé envie et tristesse par comparaison avec mon pays : on pouvait être moderne et prospère en traitant avec respect le patrimoine ancien, en le prenant non comme un obstacle gênant mais comme une opportunité de développement économique et de vie harmonieuse. Sous la porte cochère d'un palais romain se trouvait un atelier de motos ou de menuiserie. Sous les voûtes intactes d'un magasin médiéval de Florence étaient accrochés les vêtements et les sacs d'une boutique de luxe, ou se logeait un atelier d'architecte, ou un studio d'arts graphiques. Je me demandais quelle allure auraient Úbeda et Grenade si on les avait traitées comme beaucoup de villes d'Italie. Voyageant en auto-stop en Toscane, j'ai admiré la fertilité de la terre et je l'ai comparée à tant de paysages ravagés d'Andalousie ou de Castille : ravagés non par une malédiction biblique ou par un triste destin, mais par la rapacité tueuse d'arbres, par la pauvreté qui racle les sols sans se préoccuper de les restaurer, par des siècles de propriété foncière ignorante et parasitaire.

Dans chaque pays où j'ai voyagé, j'ai appris quelque chose sur le mien. Je suis allé à Lisbonne et, à peine arrivé, j'ai apprécié qu'on me parle sur un ton calme qui contrastait avec la tendance espagnole à parler trop fort. Les toits étaient d'un rouge plus amorti, le ciel d'un bleu plus doux. Peut-être aurait-il mieux valu pour nous que la capitale de l'Espagne soit à Lisbonne plutôt qu'à Madrid, dans une ville située à l'embouchure d'un grand fleuve ouvert sur l'Atlantique et non sur un plateau. En Espagne c'est à peine si l'on trouve les traces de l'Amérique avec qui trois siècles durant elle a été liée. En me promenant à Lisbonne j'ai été frappé par l'immensité du monde où le Portugal s'était aventuré, les noms, les odeurs et les images du Brésil, de l'Afrique et de l'Extrême-Orient ; mais aussi par l'acceptation tranquille de l'usure des choses faites pour durer, par ce qui perdure malgré une apparence anachronique et, au bout d'un certain temps, acquiert toute l'originalité des constructions qui n'ont pas cessé d'être modernes parce qu'elles étaient bien conçues : un café, une pâtisserie, un ascenseur urbain métallique dessiné par un disciple d'Eiffel, un réseau de tramways. (À Grenade, dans les années vingt, un ingénieur prodigieux, José de Santa Cruz, a fait les plans d'un tramway qui traversait la ville et montait sur le versant de la Sierra Nevada en suivant le cours du Genil : en 1936, au début de la guerre civile, les mutins fascistes fusillèrent l'ingénieur Santa Cruz ; au début des années soixante-dix, les autorités héritières des putschistes arrachèrent les rails et démantelèrent la ligne de tramway qui avait créé une connexion unique entre la ville et la montagne.)

Parce que je suis né et que j'ai grandi à l'intérieur des terres, j'aime le voisinage de la mer. Parce que je suis du Sud, j'aime le Nord. Parce que je viens d'une terre où le débordement de la fête est devenu officiel et obligatoire, je revendique le droit d'être un Andalou sérieux, ou même celui de ne pas paraître andalou, j'aime beaucoup la réserve que j'ai observée en d'autres lieux et je m'y reconnais beaucoup plus que dans la caricature de folklore, issue d'un romantisme ranci et du franquisme, qu'ont adoptée les autorités politiques d'Andalousie, celles de gauche comme celles de droite.

Lassé du bruit permanent de l'Espagne, j'ai savouré le silence d'une petite ville allemande au crépuscule : les lumignons et le faible bruit des bicyclettes sur le pavé des rues, le brouillard qui montait d'un canal ou d'un parc touffu comme une forêt. Malgré moi, enrôlé dans l'armée espagnole encore si franquiste, j'ai découvert le Pays basque. Et même si je trouvais répugnant le terrorisme qui fauchait alors les militaires et les policiers, même si à l'époque j'étais effrayé par les tendances putschistes de nombreux militaires, je n'ai pas moins profité de tout ce qu'il y a d'admirable sur cette terre, plus belle pour moi sans doute parce qu'elle est l'inverse de la mienne, parce qu'elle est verte et pluvieuse et pas aride, parce que la mer s'abat sur ses côtes avec une puissance de cataclysme, parce que les gens peuvent y être réservés et même revêches dans l'expression de leurs sentiments, sans les déployer comme de fabuleux éventails.

J'ai passé la frontière à Port-Bou à la fin des années soixante-dix, j'ai dû montrer mon passeport et j'ai perçu l'insolence des gendarmes français. J'ai ressenti le complexe d'infériorité, le désarroi de l'Espagnol pauvre à l'étranger. Perdu un jour dans l'immense gare de Francfort, j'ai imaginé ce qu'avaient dû éprouver les émigrants de la génération de mes parents, paysans qui jusque-là n'avaient jamais quitté leur terre, qui n'avaient entendu parler aucune autre langue que la leur. En arrivant très jeune pour la première fois à Paris ou à Londres, l'enthousiasme pour ce que je voyais a accentué ma tristesse espagnole, ma conscience de tout ce qui nous manquait : les grands parcs, les librairies, la solidité de toutes choses, la liberté décontractée et un ordre non oppressif – sans doute des illusions qui très souvent m'étaient personnelles, mais des illusions qui éveillaient en moi une conscience aiguë de ce que je pressentais comme notre insuffisance, peut-être une incapacité de défendre durant très longtemps des projets collectifs sérieux, d'avoir des lycées tels qu'on en voit à Paris, solennels comme des ministères, surmontés du drapeau tricolore et du R.F. de la *République Française*, de soutenir ce qui ressemblerait au British Museum, au quartier de Bloomsbury, à l'université d'Oxford ou à l'Institut Max-Planck.

J'ai voyagé à travers l'Europe avec un mélange d'envie, de complexes et d'instinct d'émulation qui n'était peut-être pas très différent de ce que ressentaient en 1910 ou 1920 les boursiers du Service des études de perfectionnement, ceux qui s'éloignaient de l'Espagne dans le but d'acquérir des savoirs qui pourraient être copiés dans notre pays et aideraient à rattraper notre retard. Mais en même temps que je souffrais des erreurs ou des abus que je percevais d'autant plus que je les voyais de l'extérieur, j'étais tout aussi blessé et offusqué par les stéréotypes qui circulaient alors et continuent de circuler à propos de l'Espagne, et j'ai ressenti la nécessité de la défendre, non pas inconditionnellement, ni avec la colère du patriote qui n'accepte aucune critique, mais en faisant preuve d'équité, en montrant les choses sous une lumière la plus exacte possible qui compenserait tant d'ignorance accumulée, tant de lieux communs hérités de la Légende noire ou d'un orientalisme de pacotille et qui paraissent imperméables à la réalité, occultant une grande partie de ce que nous sommes : ce qui n'est ni l'Inquisition, ni les cruautés des conquistadors, ni les corridas, ni les san-benito.

J'ai vite découvert en voyageant en Europe, mais surtout aux États-Unis, qu'un Espagnol doit déployer des efforts considérables pour expliquer certains faits élémentaires concernant son pays : que c'est une démocratie, qu'on n'y trouve pas moins d'égalité entre hommes et femmes que dans un autre pays développé, que ni la peine de mort ni la prison à perpétuité n'y sont pratiquées mais bien le mariage homosexuel, que le Pays basque n'est pas une région montagneuse isolée où quelques guérilleros – qu'aucun des médias internationaux ne nomment terroristes – luttent les armes à la main pour leur indépendance, mais un des territoires où le niveau de vie est le plus élevé en Europe. Il faut expliquer et expliquer encore que notre État est fédéral dans ses pratiques et qu'il est faux que nous ayons gardé un silence général et apeuré sur la guerre civile et les victimes de la dictature jusqu'à ce que le président Zapatero et le juge Garzón osent le briser.

72

En 1993, pour la première fois, j'ai vécu hors d'Espagne pour un séjour de longue durée : un semestre d'enseignement comme professeur invité à l'université de Virginie, dans la petite ville de Charlottesville. Son campus aux vastes prairies, aux coupoles et aux colonnes néoclassiques avait été dessiné par Thomas Jefferson. Il allie la beauté sévère et rationnelle des Lumières à toute la luxuriance des forêts du Sud. Dès le début, certaines choses me plurent beaucoup, et d'autres pas du tout, qui m'effrayèrent même. Mais je crois que j'ai appris autant des unes que des autres, et cet apprentissage, qui dure déjà depuis presque vingt ans, n'est toujours pas achevé et je doute qu'il s'achève jamais. La bibliothèque universitaire était ouverte de huit heures du matin à minuit. Les professeurs s'acquittaient scrupuleusement de leurs cours et de leurs tutorats, les étudiants les traitaient avec un respect qui n'excluait pas le naturel, et qui souvent allait de pair avec de l'affection.

Pour la première fois je me trouvais face à ce que là-bas on appelle l'*honor system* : les étudiants promettaient – ou juraient – de ne tricher ni aux examens ni dans leurs travaux, il n'y avait donc pas de surveillance, mais celui qui romprait ce pacte de confiance serait exclu. J'aimais ce sens protestant de la responsabilité personnelle, tellement étranger à celui qui a grandi dans un pays catholique et autoritaire où la meilleure raison de respecter la règle est de sentir sur sa nuque le regard de la personne qui peut vous punir, et où la filouterie picaresque a été célébrée avec plus de verve que l'honnêteté. Bien sûr, certains devaient tricher et s'en féliciter dans leur coin s'ils en tiraient profit : mais il m'a semblé que le cynisme ne jouissait d'aucun prestige.

Pour la première fois j'ai vécu dans une ville où il n'y avait presque pas de transports publics et où il était pratiquement impossible d'aller à pied d'un endroit à l'autre. Les autobus urbains étaient très irréguliers et ne circulaient ni le samedi ni le dimanche, et seuls les empruntaient les plus pauvres des pauvres, ceux qui n'avaient même pas de quoi s'acheter l'une de ces voitures déglinguées qu'on voyait parfois sur la route. On pouvait passer toute sa vie sans jamais croiser un Noir pauvre, ou un Blanc pauvre parce qu'il y en avait aussi : par exemple, en se rendant en voiture de sa maison avec jardin soit à l'université pour son travail, soit dans les centres commerciaux où se trouvaient les restaurants et les supermarchés. Les pauvres semblaient appartenir non à une autre classe mais à une autre espèce. Je les voyais de près dans la salle d'attente, à la gare routière des Greyhound, quand je partais à Washington ou que j'en revenais. En Espagne on ne voyait pas de pauvres comme ceux-là. Ils étaient obèses, édentés, ils fumaient et se nourrissaient de déchets dans des récipients en plastique.

Entre le campus des Lumières de Jefferson et cette salle d'attente qui sentait le tabac et la vieille friture, il existait une distance sociale inconnue en Europe. Sur l'autoroute inter-États il y avait des armureries équipées de stands de tir pour essayer les armes. Dans le Greyhound, on entendait en passant des rafales de coups de feu. Au magasin géant Walmart où je suis allé m'acheter une bicyclette, je suis tombé soudain, non loin du rayon des jouets, sur un présentoir entièrement garni de revolvers et de fusils d'assaut.

Comme je n'avais pas de voiture et ne savais pas conduire, on m'avait procuré un appartement d'où je pouvais aller à pied au campus en traversant de larges avenues suburbaines et des espaces de forêt. De plus, j'étais assez près d'un supermarché. Je rentrais en portant mes achats dans un grand sac en papier au long d'une rue sans trottoir – une route en réalité – et une voiture de patrouille ralentissait en passant près de moi. Parfois le policier abaissait sa vitre et me demandait ce qui m'arrivait, si j'avais eu un accident.

À trente-sept ans, pour la première fois, je me plongeais totalement dans un monde qui ne ressemblait pas au mien. C'était l'époque d'avant Internet : en Virginie, seules les lettres et les conversations téléphoniques tempéraient l'éloignement de l'Espagne. Durant tout mon séjour là-bas, le *New York Times* n'a publié qu'une seule information à propos de mon pays, je me rappelle vaguement qu'elle concernait Jesús Gil y Gil, ce promoteur et patron d'une équipe de football, star grotesque de la télévision privée, qui avait inauguré l'ère de la corruption à Marbella. La sensation d'éloignement était absolue. Je terminais mon dernier cours de la semaine le jeudi à deux heures de l'après-midi et il m'arrivait de ne plus voir personne jusqu'au lundi suivant. Je préparais mes cours, je lisais en anglais, je regardais la télévision pour apprendre encore, apprendre la langue et découvrir le pays.

S'immerger dans une autre langue est une expérience d'apprentissage unique : comment nous défaire temporairement de notre propre langue et donc d'une partie de notre identité ? C'est mettre entre parenthèses et nous-mêmes et notre origine. Et si vous vous consacrez à l'écriture, c'est en outre l'apprentissage d'une nouvelle discipline des mots, d'une conscience nouvelle de la rigueur et de l'exactitude, surtout quand votre langue d'origine est aussi sujette au verbiage que l'espagnol : vertige des mots, rhétorique, acrobaties de style, complaisance envers la sonorité qui flatte l'oreille sans rien dire de substantiel. Dans sa propre langue on a tendance à la facilité et au foisonnement, surtout si c'est une langue que beaucoup de bavards, marchands de vent, chicaneurs, théologiens, démagogues, sorciers du verbe ont utilisée. En lisant le *New Yorker* ou le *New York Times*, j'ai découvert un style où à l'exactitude de l'expression correspondaient le strict respect des faits et la nécessité de vérifier dans le détail la véracité de chaque information.

Je me rappelais une phrase lue dans Ortega y Gasset et qui, à l'époque, m'avait impressionné : « Ou l'on fait de la littérature, ou l'on fait de la précision, ou alors que l'on se taise. » Dans ma solitude et mes lectures de Charlottesville, je me suis rendu compte pour la première fois que cette alternative était fausse. On pouvait faire de la littérature en faisant de la précision. Il existait des formes littéraires où la précision était la valeur suprême, où le style perdait toute légitimité s'il ne correspondait pas à une fidélité aussi pointilleuse que possible aux faits relatés. Dans ma culture d'origine, il était habituel d'admirer un menteur ou un cynique pour son bon style ; bien écrire était une valeur séparée de presque toute autre exigence, qu'elle soit éthique ou esthétique. Moi-même, dans mes romans ou mes articles, je m'étais souvent laissé emporter par le mouvement du style. Alors seulement je commençais à pressentir la possibilité d'une écriture beaucoup plus sèche, débarrassée des sinuosités que la syntaxe espagnole propose si souvent, une écriture aiguisée et sans complaisance qui pourrait m'être utile pour comprendre le monde et non pour le noyer dans la brume, qui pourrait s'attacher aux faits pour les tirer au clair, comme le faisaient les optiques des premiers microscopes ou longues-vues qu'on a commencé de polir à Amsterdam au début du XVIIe siècle. Faire l'effort, comme le dit Orwell, de dire clairement ce qu'on a sous les yeux, *in front of one's nose*. Sans un journalisme sérieux il n'est pas de société démocratique.

Sans une information diverse et rigoureuse, n'importe quel débat est un jeu de gesticulations.

73

Je suis revenu en Espagne au bout de cinq mois, à la fin de mai. Maintenant, chaque fois que je rentre de New York, je me souviens de ce retour, de cette période étrange qui dure jusqu'au moment où l'on se réacclimate, du temps où l'on n'est complètement ni d'un côté ni de l'autre, où l'on va et vient, converse et regarde autour de soi, englué dans une condition d'étranger ahuri.

Il fait jour depuis un moment et la lumière clinique allumée par les hôtesses avant le service du petit déjeuner chasse soudain la nuit de la traversée océanique. L'avion a déjà commencé sa descente. Par le hublot mes yeux accoutumés au vert humide du printemps sur la côte Est des États-Unis découvrent une surface horizontale et nue, couleur feuille sèche : la terre âpre, la lumière de brique pilée, les ravins creusant les versants de montagnes dénudées, rabotées par des siècles de déboisement et la persistance de l'érosion.

Durant cette descente le plaisir d'arriver et le déplaisir d'arriver s'unissent en une pointe de vertige qui culmine quelques secondes avant l'atterrissage. Un jour j'ai demandé à un Américain ce que sentait l'Espagne et il m'a répondu : le café au lait et la fumée de tabac. Cela sent le vieux mégot et le tabac quand s'ouvrent les portes de sortie de l'aérogare et que l'on respire pour la première fois l'air de Madrid. Groupés autour des cendriers, les fumeurs qui ont subi avec impatience trop d'heures de vol tirent de longues bouffées de leurs cigarettes dans le froid vif du petit matin. L'intérieur du premier taxi que l'on prend à Madrid paraît très étroit, le chauffeur écoute la radio à fond, où l'on retrouve et reconnaît les voix des politiciens et celles des commentateurs de tables rondes.

Sur l'autoroute, les voitures sont plus petites et vont beaucoup plus vite que vous n'y êtes habitué. À New York les autoroutes et les ponts présentent un abandon de géants décrépits. Ici les proportions sont plus modestes et tout est beaucoup plus neuf. La lumière, trop forte, blesse les yeux. Autour des échangeurs d'autoroutes où passe le taxi il ne pousse presque rien. En ce début d'été la végétation s'est déjà réduite à des buissons desséchés. Talus et fossés exposent l'aridité d'un désert. Près d'un croisement se dressent les ruines d'une ancienne métairie, les murs de pisé ocre et gris sous la chaux écaillée. Dans la brume sale, la lumière scintille sur les murs de verre et d'acier surchauffés des quatre gratte-ciel qui pourraient se trouver à Abu Dhabi ou à Dubai. L'œuf de verre et d'acier du seul bâtiment construit de la Cité de la justice se chauffe au soleil entouré de parkings déserts, ponctués de petits arbres à moitié secs et de réverbères aux globes de verre cassés à coups de pierres.

Ce paysage n'a été ni cultivé ni aimé depuis si longtemps que sa désolation atteint une profondeur géologique ; c'est un espace en blanc aux abords de Madrid où tracer des autoroutes, où niveler des parkings, où construire des centres commerciaux et des habitations aussi entassées que possible pour faire un maximum de bénéfice, où bâtir toute une aérogare au milieu du néant. Ce qui n'est pas occupé reste en friche, no man's land résiduel où poussera de la broussaille et s'accumuleront les ordures, où aucun arbre par son ombre ne tempérera la chaleur, par ses racines n'empêchera l'érosion, par sa verdure n'adoucira la nudité du terrain raboté. On m'a raconté que la principale production de ces lieux est la terre utilisée comme litière pour chats.

Ce que j'ai vu et appris aux États-Unis m'est surtout utile pour regarder mon propre pays, pour louer ce que je ne saurais pas apprécier si je n'étais pas parti, pour ne pas accepter ce qui, n'existant pas ailleurs qu'ici, ne me paraît déjà plus inéluctable, pour célébrer et désirer que perdure ce qui est précieux, unique, ce qui fait partie du grand concert européen. Arrivant à Madrid depuis New York, j'ai été surpris par le manque de conscience des bienfaits dont on profite ici ainsi que par l'absence de gratitude et de loyauté envers un système où les besoins fondamentaux de la vie sont assurés pour l'immense majorité de la population. Venant d'une ville de 8 millions d'habitants où plus de 3 millions sont dépourvus de toute assurance de santé, on n'a aucun mal à célébrer la protection médicale universelle.

Aux États-Unis personne n'oublie jamais le prix des choses. En Espagne, ou ailleurs en Europe, il est facile d'oublier la valeur de ce que l'on n'a pas à payer. Pour l'assurance médicale et l'éducation de ses enfants, une famille américaine dépense tellement d'argent qu'une grande partie de la vie est consacrée à le gagner. La recherche de l'argent, la soif d'argent atteignent parfois aux États-Unis une violence obscène, une âpreté qui choque et effraie celui qui n'y est pas habitué : un chauffeur de taxi ou un garçon de café peuvent faire preuve d'une agressivité subite contre le client qui n'a pas laissé un pourboire convenable ; le large sourire d'un employé s'efface sans laisser de trace lorsque votre carte bancaire n'a pas fonctionné ; la solvabilité de chacun est évaluée en permanence et peut être vérifiée par n'importe quel créancier. La pression de la réussite pourra s'exercer au point qu'un enfant de trois ou quatre ans devra passer un examen pour être admis dans une classe maternelle de prestige qui lui assurera plus tard sa place dans l'une des écoles privées les plus compétitives, laquelle sera le premier pas vers l'une des universités d'élite dont dépend son avenir de privilégié. Dans la passion américaine pour le travail et dans l'admiration pour la réussite, on peut trouver un tranchant impitoyable, une disposition à sacrifier toute sa vie pour l'accomplissement d'un seul but, à n'avoir aucune compassion pour celui qui échoue et à ne pas se le pardonner soi-même, à diviser le monde en deux catégories inhumaines, les gagnants et les perdants.

La cruauté punitive du système pénal américain me donne le frisson : non seulement la peine de mort mais aussi la brutalité habituelle des policiers, les traitements humiliants imposés aux détenus et aux prisonniers, les uniformes qui les dépouillent de tout reste de dignité, les menottes aux mains, les fers aux pieds et les chaînes à la ceinture, la nourriture immonde, les condamnations à la prison perpétuelle détruisant tout espoir, l'exécution de sang-froid d'un attardé mental ou la condamnation à la perpétuité d'un délinquant de quatorze ans, la sinistre idée puritaine de la prison comme pur châtiment et de la justice comme loi du talion, avec toute la barbarie de l'Ancien Testament ; et contaminant tout, aggravant l'infamie, l'abîme séparant les pauvres des riches, parce que ce sont surtout les pauvres qui vont en prison, que ce sont exclusivement des pauvres et presque toujours des Noirs qui aboutissent dans les couloirs de la mort et sont exécutés.

Parce que je suis européen, ces pans de cruauté de la société américaine me scandalisent ; parce que je passe une partie de ma vie aux États-Unis, je crois que je peux apprécier sans les tenir pour évidents les avantages qu'offre l'Europe, et même en éprouver un certain orgueil qui n'a rien à voir avec l'orgueil inconditionnel des identités. Je suis fier que mon pays ainsi que l'Europe à laquelle il appartient aient aboli depuis longtemps la peine de mort, qu'ils se soient par eux-mêmes dotés d'un système pénitentiaire où le seul droit dont on prive les prisonniers est la liberté.

Cette différence compte beaucoup pour moi. J'y ai réfléchi il y a peu de temps en allant dans un centre pénitentiaire proche de Madrid où certains professeurs m'avaient invité à donner une conférence pour les prisonniers qui suivaient leur enseignement. Bien sûr ils étaient en prison et la privation de liberté est toujours un châtiment. Mais leurs conditions de vie n'étaient pas dégradantes et les professeurs les traitaient avec un respect qui ne leur avait sans doute jamais été témoigné ; grâce à eux ils sortiraient de prison mieux qualifiés pour se défendre dans la vie. Si cette situation qui semblait naturelle aux professeurs, aux gardiens et aux prisonniers me semblait exceptionnelle, c'est que j'arrivais d'un monde où tout cela était inimaginable. Sans la peine de mort, sans la prison perpétuelle et sans lois d'exception, la démocratie espagnole avait mis en déroute les terroristes de l'ETA ; souvent je me suis demandé comment auraient agi les forces de sécurité aux États-Unis et quelles mesures d'exception les citoyens auraient acceptées s'ils avaient été confrontés à un mouvement terroriste semblable à celui que nous avons subi, ou même dix fois moins sanguinaire. Je me rappelle, en première page du *New York Times* à l'automne 2001, une information qui m'a rendu fier de mon pays : l'Espagne refusait d'extrader vers les États-Unis un suspect de terrorisme parce qu'il risquait d'y être condamné à mort.

74

Mais il y a aussi beaucoup de choses que j'admire et que je n'aurais pu apprendre que là-bas. J'admire le sens de la responsabilité individuelle, l'absence de cynisme, la manière dont on encourage et célèbre les meilleures capacités de chacun, l'idéalisme actif qui pousse tant de personnes à s'engager dans l'exercice quotidien de la citoyenneté, par exemple à travailler durant des heures dans un potager communautaire ou à collaborer avec une église ou une institution laïque pour aider des immigrants dépourvus de tout, à contribuer dans la mesure de leurs revenus au soutien des équipements collectifs qui leur importent : la radio publique, un musée, un orchestre, un parc. J'admire l'absence de scepticisme face à l'enthousiasme et la capacité de faire confiance, l'aptitude à concrétiser des ententes qui améliorent les situations, l'amabilité envers l'inconnu ou le nouveau venu. J'admire la réelle aptitude à intégrer les immigrants, tellement supérieure à celle de l'Europe. J'admire le talent qu'il faut pour respecter et célébrer les différences tout en valorisant les quelques données fondamentales que l'on a en commun et qui suffisent pour fonder une convivialité, l'importance accordée aux actions plus qu'aux origines, le droit reconnu au nouvel arrivant de se défaire d'une partie plus ou moins grande de l'identité qui était la sienne et de s'inventer lui-même avec fantaisie.

Nous autres Espagnols, qui nous ressemblons tellement, enfermés depuis bien des siècles dans un pays assez petit, avons consacré d'énormes efforts et des montagnes d'argent à nous inventer des différences, ou à les souligner. Une des surprises que nous réserve toujours notre retour est l'uniformité du « paysage humain » dans les rues de n'importe quelle ville espagnole, y compris celles où la majorité fait de grands efforts pour ne pas être ou ne pas paraître espagnole. Dans les écoles publiques de New York on parle cent quatre-vingt-dix langues et il suffit de faire un tour dans la rue ou un bref trajet en métro pour croiser des personnes de presque toutes les contrées du monde : pourtant les habitants de New York se sont arrangés pour se mettre d'accord sur ce qui les unit, ou du moins pour ne pas se focaliser sur ce qui distingue chacun des groupes. Votre compatriote n'est pas celui qui a un nom comparable au vôtre, ni les mêmes souvenirs, ni la même langue maternelle. Est votre compatriote celui qui a accompli les formalités juridiques nécessaires pour obtenir la même nationalité que vous, et il l'est totalement, de manière inconditionnelle, à partir du moment où il a acquis cette citoyenneté.

J'aime que l'identité américaine réside dans un trait d'union : le trait d'union qui réunit mexicain et américain, chinois et américain, japonais et américain, irlandais et américain, arabe et américain, ou n'importe quoi d'autre. Mon cœur d'homme éclairé s'est ému quand à New York j'ai demandé à un chauffeur de taxi, au visage et à l'accent chinois, quelle était son origine et qu'il m'a répondu avec naturel : « *A-B-C: American born Chinese.* » Et je n'ai pas oublié ce que m'a dit un chauffeur de taxi pakistanais qui écoutait à la radio des informations sur un attentat terroriste dans une mosquée de Lahore : « Pour moi, il est plus sûr d'être musulman aux États-Unis que dans mon pays d'origine. C'est pour cela que j'aime être américain. »

75

La dernière fois que je suis rentré, c'était au début de cet été 2012 et l'état d'hallucination collective s'était dissipé. Il devenait même difficile d'imaginer qu'il eût un jour existé. Presque quotidiennement, le *New York Times* avait publié des nouvelles alarmantes sur l'Espagne, sur l'Europe et sur l'avenir de l'euro. La monnaie unique, qui peu de temps auparavant était célébrée pour sa solidité semblait alors se révéler une invention sans avenir. La ruine de la Grèce et celle du Portugal annonçaient celle de l'Espagne, et si l'Espagne plongeait elle entraînerait avec elle toute l'Union européenne. Habitué aux dollars, les euros que je retirais d'un distributeur dès mon arrivée à l'aéroport avaient quelque chose d'une monnaie de farces et attrapes, billets trop différents de format et de couleur pour présenter le sérieux d'une monnaie véritable.

Tout ce qui était solide s'évaporait alors. L'Europe que nous imaginions robuste et bien armée, et même s'ennuyant dans la somnolence de sa prospérité et de son bien-être, était finalement aussi facile à démolir qu'un château de sable. Les caisses d'épargne qui en 2007 déclaraient leurs bénéfices en milliards d'euros avaient sombré dans la faillite, étaient absorbées par d'autres ou avaient purement et simplement disparu. Les parasites venus de la politique qui s'en étaient emparés et s'étaient arrangés pour ruiner en quelques années des institutions fermement établies depuis plus d'un siècle étaient sortis de scène non seulement sans acquitter la moindre part du prix de leurs excès, mais en empochant des indemnités et des retraites que la pénurie générale rendait plus scandaleuses encore. Le gouvernement valencien – celui-là même qui peu d'années plus tôt envoyait ses ambassades à travers le monde et finançait des championnats internationaux de voile ou de Formule 1 – reconnaissait une dette de plusieurs milliards d'euros qu'il était incapable de financer sans l'aide urgente de l'État.

Les « pays » inventés par la classe politique avec leur grand luxe de parlements, télévisions, entreprises publiques, chefs du protocole, caravanes de voitures officielles, kyrielles de hauts dignitaires et de pistonnés, sauvegardaient les fastes traditionnels et, résolument, ne faisaient d'économies que sur l'essentiel : écoles, professeurs, assistance médicale et recherche scientifique. Emportées par la faillite, les municipalités étranglées par les dettes laissaient une traînée de fournisseurs ruinés, taillaient dans les services sociaux, mais continuaient d'organiser les mêmes fêtes baroques : ferias violentes avec des lâchers de taureaux, batailles où l'on gaspillait des tonnes de tomates, pétards que l'on faisait éclater pendant des nuits entières. Un enfant est encorné et tué par une vachette, une personne meurt dans l'explosion incontrôlée d'un feu d'artifice ; en raison de la crise, la municipalité de Pampelune annonce qu'elle réduit de 8 % le budget des fêtes de la Saint-Firmin : beaucoup moins que la réduction des dépenses d'éducation et de santé.

Les assemblées municipales au grand complet continuent d'honorer vierges et martyrs. Les forêts brûlent et il n'y a pas d'argent pour lutter contre le feu, comme on en a manqué pour les entretenir, les débroussailler et les surveiller. On n'écrit pas ce que l'on souhaite mais ce que l'on peut. L'incertitude est si grande que ses effets s'apprécient en jours, si ce n'est en heures. Nous ignorons quelle angoisse nous occasionnera le prochain bulletin d'informations.

76

Mais l'incertitude n'est pas un état nouveau pour ceux de ma génération. Seulement nous nous sommes trop habitués à ne pas la ressentir, à ne pas la voir, et c'est pour cela qu'elle suscite en nous une inquiétude excessive : l'inconfort tellement compréhensible de celui qui est si bien établi qu'il ne sait plus accepter les contretemps. Je me rappelle un matin froid et nuageux, en décembre 1973, ce matin extraordinairement silencieux où nous avons appris que le président du gouvernement, le bras droit du tyran, l'amiral Carrero Blanco, venait de mourir à Madrid dans un attentat terroriste. Quelque chose allait se passer après cela et nous n'imaginions pas quoi.

Je me rappelle les jours d'incertitude extrême, de peur et d'espoir et de temps suspendu, en novembre 1975, quand nous attendions dans une espèce de saisissement et d'impuissance collectifs que s'achève l'interminable agonie du général Franco. À l'époque déjà nous ne savions rien. Personne ne prévoyait, n'imaginait rien. Pas un seul des pronostics sur l'avenir qui ne se soit révélé faux. Franco allait mourir et au moment même où il expirerait allait commencer une autre époque, et la vie de chacun d'entre nous ne serait plus la même.

Rappelle-toi cela et rappelle-le aux autres, dit Luis Cernuda. Se rappeler et raconter ce que l'on a vu, tout en s'efforçant de ne pas mentir, de ne pas se vanter et de ne laisser ni le ressentiment ni la nostalgie nous aveugler, est une obligation civique. S'efforcer de regarder les choses comme elles sont puis les relater comme elles ont été. Ne pas inventer ces légendes qui nourrissent le narcissisme d'une génération, ne pas se soumettre aux modes du souvenir qui sont aussi prégnantes que celles du vêtement. Je me rappelle un soir de janvier 1977 où l'incertitude était faite de pure terreur, où il était impossible de s'éloigner de la radio et où il semblait en même temps que nous n'aurions pas la force de supporter d'autres nouvelles effrayantes. Les terroristes de l'ETA séquestraient un général de corps d'armée, et les antifascistes du GRAPO le président du Conseil d'État. La liberté que nous avions à portée de main était sur le point de se briser en un retour vers l'obscurité. Dans un cabinet d'avocats spécialistes de droit du travail, des pistoleros d'extrême droite avaient fait irruption et tué six d'entre eux à coups de revolver.

J'étais un étudiant pauvre de vingt et un ans et, dans un quartier ouvrier de Grenade, je partageais un appartement avec des amis inscrits au parti communiste. Ce soir-là, je les ai aidés à brûler des papiers et à cacher des livres. Tout pouvait survenir, d'un moment à l'autre. Nous pouvions retomber dans une dictature qui désormais aurait sans doute les mêmes orientations que les technocraties sanguinaires des juntes militaires du Chili, d'Uruguay ou d'Argentine.

Je me rappelle la joie de sortir par un soir silencieux de samedi saint et de voir les rues soudain envahies de drapeaux rouges et de klaxons parce que le parti communiste venait d'être légalisé, et aussi l'émotion étrangement ordinaire de voter pour la première fois le 15 juin 1977.

Je me rappelle la nuit de la peur, le 23 février 1981, la soirée d'hiver où la nouvelle se répandait, l'autobus vide qui m'emportait depuis mon quartier jusqu'au centre de Grenade, ma décision d'en descendre quelques arrêts en avance, comme si d'y rester jusqu'au terminus aurait aggravé le danger.

Je travaillais depuis un peu plus d'un mois comme employé municipal. Comme il y avait juste deux mois que j'avais été libéré de l'armée, je faisais partie de la Réserve et il n'était pas impossible que je sois rappelé si le coup d'État triomphait. Le bruit de bottes faisait partie intégrante du bruit de fond de ces premières années fragiles de la démocratie, autant que le bruit sec des coups de feu et l'explosion des bombes terroristes. À la mairie, un fonctionnaire qui s'affichait ostensiblement comme d'extrême droite écartait un des pans de sa veste pour montrer l'étui de cuir de son pistolet. Des bandes de phalangistes en bottes noires et chemise bleue, armés de battes de base-ball, brûlaient les kiosques à journaux et attaquaient les bars d'homosexuels. Ce soir-là ils étaient nombreux, les manches de leurs chemises bleues gaillardement retroussées malgré le froid, rassemblés sous les fenêtres du local phalangiste du parti Fuerza Nueva.

Descendu de l'autobus à la place San Isidro, je me suis mis à marcher sans but. Dans l'appartement que je venais de louer, presque vide, je n'avais ni téléphone ni télévision ni radio. J'étais au courant de l'assaut donné au Congrès grâce à un effet acoustique bizarre qui me permettait d'écouter depuis ma salle de bains les conversations du couple qui habitait l'étage d'en dessous. C'était un quartier neuf et très éloigné du centre, où très peu de gens habitaient. Les voix de ces voisins étaient presque les seuls bruits qui me parvenaient de l'extérieur. Comme j'étais habitué à les entendre se disputer, j'ai mis un moment à comprendre que cette fois la cause de leurs cris n'était pas une scène de ménage. Ils criaient et il m'était difficile de comprendre ce qu'ils disaient parce que le brouhaha de leurs voix me parvenait mêlé à celui d'un programme de radio ou de télévision écouté très fort : « La garde civile est entrée au Congrès ! C'est un coup d'État ! »

77

Les choses ne se passent pas avec la neutralité abstraite des récits historiques : c'est toujours à quelqu'un qu'elles arrivent et chaque événement public se multiplie en des milliers de reflets ou de chocs de particules dans les expériences des vies individuelles. Le peintre Juan Genovés, qui à cette époque militait au parti communiste, m'a raconté que son souvenir du 23 février 1981, ce sont les avenues de Madrid désertées vues depuis une voiture en marche. Le mien, ce sont ces voix entendues dans une salle de bains, à Grenade, dans un bâtiment neuf et plein de résonances, puis un parcours dans des rues désertes vers l'arrêt de l'autobus, ensuite l'autobus éclairé et vide dans le crépuscule et la petite place où je suis descendu dans un mouvement de peur, et une patrouille de la police nationale montant en moto l'avenue de Madrid, le long de la faculté de médecine, occupant toute la largeur de la chaussée.

Je me rappelle avoir rencontré une femme, connue au temps de la clandestinité, que je n'avais pas vue depuis longtemps : c'était étrange de nous retrouver précisément ce soir-là après des années, de nous demander banalement comment nous allions et d'observer chacun la peur sur le visage de l'autre, de demander si l'on savait quelque chose, de ne rien savoir ou à peu près, et de nous quitter rapidement, avec la même allure furtive, chacun continuant son chemin, sans dire vers où, où trouver refuge cette nuit-là, dans une ville qui serait peut-être bientôt envahie par des convois militaires.

78

Cette nuit-là nous aurions pu tout perdre : perdre ce que nous avions gagné avec tant de difficulté les années précédentes et que nous avions déjà cessé d'apprécier : la démocratie imparfaite qui ne ressemble nullement au paradis et qui ne provoque une adhésion passionnée que lorsqu'on l'a perdue. Pour finir j'ai passé cette nuit chez des gens âgés que je connaissais et qui, peut-être par attention pour moi, ne manifestèrent pas une sympathie évidente pour le coup d'État. Plus jamais nous n'avons connu d'incertitude comparable à celle de cette nuit-là. À la télévision on rediffusait des films ou des programmes vulgaires, pour occuper l'antenne, et les heures s'écoulaient sans qu'on sache ce qui se passait, sinon que le gouvernement et le Congrès au complet étaient séquestrés par des gardes civils, sinon que le général Milans del Bosch, qui avait une sinistre tête de putschiste congénital, avait fait sortir les chars d'assaut dans les rues de Valence.

Je regardais la télévision en noir et blanc dans le séjour de ces personnes en qui je n'avais pas confiance, un homme et une femme âgés qui se chauffaient autour de la table du brasero et s'endormaient à moitié. Plus tard on a dit que lorsque le roi était apparu, la sensation du danger s'était tempérée, mais ce n'est pas ce dont je me souviens. Sur le noir et blanc grisâtre du téléviseur, le roi avait un visage hâve et apeuré, l'air exténué par l'insomnie. Il lisait d'un air guindé un discours tellement abstrait qu'il était impossible d'y trouver une quelconque assurance. Si les militaires triomphaient, nous nous retrouverions aussi seuls dans notre enfermement que durant toutes les années où les démocraties n'avaient pas eu de scrupule à s'accommoder d'un dictateur fasciste, ancien complice de Hitler et de Mussolini. Dans la nuit, on apprit ce que le secrétaire d'État américain s'était contenté de déclarer à propos d'un putsch militaire contre une démocratie européenne : il s'agissait d'une affaire intérieure espagnole.

Je ne suis pas vraiment arrivé à m'endormir et je n'ai pas éteint la radio de toute la nuit, couché dans le noir, dans un lit étroit qui n'était pas le mien, chez des étrangers. Je m'endormais à moitié et les voix de la radio s'infiltraient dans le délire de mes rêves inaboutis. Le matin je me suis levé tôt et je suis parti à pied pour le bureau. Les nouvelles restaient confuses. On ne savait pas si les putschistes se rendaient ou s'ils négociaient un compromis qui entretiendrait leur menace, qui maintiendrait sur nous l'ombre de la peur.

J'allais au travail non par volonté délibérée mais par routine quotidienne, sans me demander si la mairie serait ouverte ou si les autres iraient travailler. L'avenir ne s'étendait pas au-delà des minutes suivantes. Je pensais à ce fonctionnaire qui passait dans les couloirs, fier de son pistolet, et qui prédisait qu'en Espagne les choses reprendraient très bientôt leur cours normal. À la première heure du jour, sur la place Bib Rambla, dans la lumière glacée du matin d'hiver les cafés et les kiosques des fleuristes ouvraient avec les bruits habituels, et les gens pressaient le pas vers les boutiques et les bureaux du centre. Mais cette normalité apparente recouvrait peut-être une faille qui à nouveau allait s'ouvrir, l'ancien abîme de la peur qui jamais n'avait disparu de sous nos pas même si à force de ne pas vouloir le regarder nous l'avions oublié – le destin espagnol d'obscurantisme et de persécution, le maléfice qui nous empêchait durablement d'appartenir à la communauté des pays où il n'existe ni sauveur de la patrie ni coups d'État, où l'incertitude politique se limite au résultat des élections.

79

Pour le meilleur ou pour le pire, ce qui paraissait le plus solide peut cesser d'exister. La pire des menaces disparaît et celui qui a vécu sous sa pression l'oublie. Parfois aussi ce qui est positif s'accomplit, ce sur quoi presque personne ne comptait. Les militaires putschistes, ou du moins leurs chefs les plus visibles, furent jugés tant bien que mal, purgèrent leurs peines et furent exclus de l'armée. En février 1981 nous avions été sur le point de retomber dans la dictature, mais moins de deux ans plus tard le parti socialiste gagnait les élections avec la majorité absolue. Au cours de cette période, il y eut un moment où le bruit de bottes disparut pour toujours et où la métaphore elle-même sortit de notre vocabulaire aussi mystérieusement qu'elle y était entrée. L'ingérence militaire dans la vie de l'Espagne, qui durait depuis plus d'un siècle et demi, s'évanouit sans drame. L'un des deux ou trois problèmes centraux de notre histoire moderne se trouva résolu avec une facilité que personne n'aurait prédite : sans même que personne eût vraiment conscience – et encore moins l'espoir – de le résoudre pour toujours.

Ni está el mañana ni el ayer escrito. Ni demain – ni hier – n'est écrit [1], dit le poème d'Antonio Machado. Nous qui sommes nés dans un monde et sommes devenus adultes dans un autre savons, pour l'avoir expérimenté dans notre propre vie, qu'il n'y a pas de destin déterminé d'avance. Nous sommes nés dans un pays isolé et rural où, plus de vingt ans après la fin de la guerre, l'après-guerre durait

1. Dans : *Le Dieu ibère*, traduction de Sylvie Léger et Bernard Sésé, Gallimard, 1973.

encore, et nous sommes devenus pleinement adultes dans un autre qui déjà appartenait au monde développé, qui était sur le point d'intégrer l'Union européenne. Dans mon adolescence, des équipes de journaliers en chemise blanche et chapeau de paille moissonnaient le blé à la faux exactement comme au Moyen Âge. Quand j'étais enfant, une femme qui avait un enfant sans être mariée était encore plus marginalisée qu'un homme chez qui on notait des indices d'homosexualité, et il n'existait pas d'autre mariage que le mariage catholique. À peine une génération plus tard, le mariage entre personnes du même sexe est devenu banal et personne ne se rappelle la différence que l'on faisait autrefois entre ce qu'on appelait enfants légitimes et enfants naturels.

J'ai eu dix-huit ans dans les années les plus sombres d'une dictature qui continuait à torturer ses prisonniers, à exécuter ses ennemis au garrot et qui semblait devoir durer toujours, quand j'en ai eu vingt-sept mon pays avait une constitution démocratique et un président socialiste qui, à peine six ans plus tôt, militait encore dans la clandestinité. La démocratie où ont grandi mes enfants, et où personne ne se rappelait la peur d'un putsch militaire, était beaucoup plus imparfaite que n'importe lequel des paradis utopiques ou totalitaires dont beaucoup d'entre nous rêvaient dans leur première jeunesse : mais comparativement, c'était le régime le plus libre et le plus juste qu'eût connu notre pays, plus libre et juste que dans l'immense majorité des autres pays du monde à l'exception de la frange très limitée de l'Europe de l'Ouest.

Ce qui pour nous était inhabituel avait été inimaginable pour nos parents et nos grands-parents, cela même qui pour nos enfants est normal, presque ennuyeux, et qui aujourd'hui seulement est en danger ; ce qui est fondamental, qui améliore réellement la vie : le droit à l'éducation et à la santé publiques, l'autorité de la loi, la garantie de continuer à mener une vie décente dans sa vieillesse. Dans la majeure partie du monde, seuls les riches et les très riches ont accès à de tels privilèges, qui pour nous sont devenus des droits incontestables. Et il n'y a guère plus de trente ans que nous en profitons.

Nous qui avons connu le monde d'avant sommes dans l'obligation de dire comment il était ; non afin d'être admirés ou plaints pour les limitations que nous avons subies, mais afin que ceux qui viennent après nous et tiennent tout pour acquis sachent que cela n'a pas toujours existé, que cela a été très difficile à mettre en place. Le perdre pourrait prendre beaucoup moins de temps qu'il n'en a fallu pour l'obtenir. Et si cela compte vraiment pour nous, nous devons nous engager pour le défendre et le conserver.

80

Ce qui n'existait pas, ce qu'on peinait à imaginer peut devenir réel. Ce qui aujourd'hui est le plus incontestable et le plus solide, qui nous tient le plus à cœur, peut s'écrouler demain ou être démantelé au profit d'intérêts économiques ou de desseins politiques, ou simplement parce qu'il n'y a pas assez de personnes capables ayant le courage de le défendre. Jamais je n'oublie le terrible avertissement d'un poème de Yeats : « *The best lack all conviction, while the worst / are full of passionate intensity*[1]. »

1. « Les meilleurs ne croient plus à rien, les pires se gonflent de l'ardeur des passions mauvaises » : traduction d'Yves Bonnefoy, in *Anthologie bilingue de la poésie anglaise*, Gallimard, « La Pléiade », 2005.

Construire le mieux possible quelque chose de précieux, une table, une maison, un système de santé, une démocratie, exige beaucoup d'efforts, beaucoup de temps, beaucoup de talent, beaucoup de patience ; cela peut de plus se révéler ennuyeux et même ingrat pour ceux qui assument cette entreprise et sont rarement récompensés à la hauteur de leur mérite. Détruire est rapide, ne coûte pratiquement rien et procure en outre un effet visuel immédiat dont la construction, dans sa lenteur, est d'habitude incapable. Un séquoia millénaire peut être abattu en quelques heures avec des tronçonneuses. Une personne qui, sa vie durant, jour après jour, a acquis une physionomie, une identité, un trésor unique d'expérience et de mémoire, peut être anéantie en quelques dixièmes de seconde par une explosion ou un coup de feu.

Une forêt centenaire est sans défense contre l'essence d'un pyromane, contre l'inconscience d'un imbécile qui décide de cuisiner une paella en plein air un jour de vent. La grande culture bourgeoise et juive qui s'était peu à peu créée au cœur de l'Europe depuis les Lumières a été arasée en quelques années par les nazis et leurs alliés. Quand le capitaine Cook arriva à Tahiti en 1769, il y trouva un mode de vie complet et autarcique, riche d'une mythologie complexe, de techniques de navigation surprenantes, de musiques, de rituels, de connaissances pratiques de zoologie et de botanique élaborées pendant des millénaires : au bout de deux générations, la population indigène s'était réduite de neuf dixièmes par l'effet de l'alcoolisme et des maladies venues d'Europe, tous les savoir-faire ancestraux avaient complètement disparu, depuis la fabrication de tissus et d'objets domestiques jusqu'à celle des fantastiques catamarans qui avaient sillonné le Pacifique plus vite et plus sûrement que les navires européens.

Je crois que l'édifice de la civilisation risque toujours de s'écrouler et qu'il faut une vigilance permanente pour le maintenir debout. L'incroyable peut toujours survenir. Ce qui semblait inimaginable, donc infernal, peut devenir le quotidien. D'un jour à l'autre un pays civilisé et développé peut sombrer dans la barbarie. Personne ne croyait au milieu de janvier 1933 qu'en deux semaines Hitler pourrait être nommé chancelier en Allemagne et que quelques mois plus tard les nazis pourraient faire étalage de leur pouvoir absolu. À New York, j'ai discuté avec beaucoup de gens qui vivaient en Yougoslavie en 1989 et elles m'ont toutes dit que nul ne doutait alors de la solidité du pays, que l'idée d'une guerre civile était tellement invraisemblable que personne ne l'envisageait.

Parce que les événements se sont déroulés d'une certaine manière nous nous persuadons que c'est ainsi qu'ils devaient se dérouler. Les récits historiques transforment en dénouement nécessaire ce qui dans la réalité n'était qu'indétermination et hasard. Mais *ni demain – ni hier – n'est écrit* et renoncer de manière rationnelle à l'emprisonnement religieux de la prédestination est à la fois motif d'espoir et de vigilance. Nous ne sommes pas condamnés au pire, pas plus que le passé ne nous lie à un avenir inéluctable : pourtant nous n'avons pas non plus la moindre garantie de voir perdurer le bien-être auquel nous sommes parvenus, ni de ne pas trouver un jour insupportable ce qu'aujourd'hui nous tolérons sans grande difficulté, ou même de ne pas regretter ce qui nous était indifférent, voire invisible, parce qu'il faisait partie de notre vie quotidienne. Il n'est pas de faculté qui ne s'atrophie si elle n'est exercée.

Lorsque par lassitude, par peur, par commodité ou par négligence la liberté d'expression cesse d'être pratiquée, elle a déjà commencé de se perdre. Si on néglige ou amoindrit le pouvoir des lois, les mafias et les milices armées viendront envahir le territoire de la vie civique. Il existe un noyau sur lequel ne pas transiger, sur lequel chaque faiblesse est une capitulation. Si l'État démocratique renonce à soutenir une législation équitable, les faibles se trouvent à la merci des forts ; les barbares, les brutes ou les corrompus prennent le pas sur les personnes honnêtes, sur celles qui du fait de leur nature pacifique manquent de moyens ou d'agressivité pour se défendre par elles-mêmes. Quand le débat dégénère en vociférations, les voix modérées sont les premières qu'on cesse d'entendre : d'abord parce qu'elles sont couvertes par le volume de celles qui crient, ensuite parce qu'elles renoncent, et enfin parce qu'on les fait taire par l'anathème et la censure.

81

Tout ce qui n'est pas transmis délibérément est perdu lors du passage d'une génération à l'autre. Ce qui a existé durant des siècles disparaît en quelques années. Tout change très rapidement et, au bout de peu de temps, plus personne ne se rappelle comment les choses se présentaient auparavant : l'on croit donc qu'elles ont toujours été comme aujourd'hui et que, par inertie, elles resteront immuables. Ce qui appartenait à la conscience collective cesse d'exister et se transforme en références énigmatiques que plus personne ne sait déchiffrer, en mots d'une langue perdue. La majeure partie du patrimoine immense et complexe que l'on tient pour connu disparaît dans une grande cataracte silencieuse qui ne laisse pas de souvenirs, comme la mémoire de quelqu'un qui vient de mourir.

Nous autres (les personnes d'origine rurale nées dans

les années cinquante) le savons et pouvons le raconter : sous nos yeux s'est décomposé le monde d'une culture populaire qui à la fois nous protégeait et nous asphyxiait, nous avons voulu le fuir comme on fuit un destin demeuré identique pendant de nombreuses générations. Et voilà que soudain il n'existait plus : sans que nous ayons rien remarqué, sans que nous ayons eu le temps de déplorer la perte de ce qui était précieux ni de célébrer celle de ce qui était détestable.

Peut-être que dans d'autres pays la transition a été plus progressive, donc moins chaotique et moins destructrice. Dans le nôtre elle a ressemblé à un naufrage invisible, à un séisme dont personne n'a perçu l'ébranlement et qui a tout englouti : les jeux des enfants dans la rue et les romances médiévales que chantaient les filles, les savoirs de l'architecture populaire, le rythme et les détails des travaux des champs, l'artisanat des matériaux modestes – l'osier, la glaise, le sparte –, l'habileté à tracer des canaux et à contrôler les eaux d'irrigation, à faire du savon avec de l'huile usagée et à cuisiner des plats nourrissants et savoureux à base de restes, à tirer parti de la moindre chose et ne rien jeter, tout ce courant d'une culture de la pauvreté qui n'était pas faite d'une grossière résignation mais d'une inventivité fertile, rendue nécessaire et limitée par la pénurie mais absolument souveraine dans ses meilleures réussites, dans ses trouvailles d'une beauté austère, d'une harmonie instinctive, d'une force expressive qui se manifestait aussi bien dans la forme d'un outil poli par l'usage que dans celle d'une maison blanchie à la chaux ou d'un jardin potager, dans une chanson populaire ou dans le talent pour raconter des histoires, pour transformer en récits l'expérience personnelle.

Tout cela est perdu, comme une civilisation très ancienne dont il ne reste que de rares objets dont personne ne connaît plus l'utilité précise : ces outils, ces récipients à mesurer le grain, ces tamis que l'on reconnaît aussitôt, accrochés aux murs de quelque restaurant routier faussement rustique, dans certains paysages qui étaient encore campagnards il y a peu et sont à présent remplacés par un mélange de ronds-points et de pavillons jumeaux restés sans acheteurs, et qui commencent à se dégrader : fenêtres aux vitres cassées, mauvaise herbe dans des jardins étriqués où rien n'a été planté.

82

Le principal travail de la mémoire est d'oublier, dit William James. Il faut faire le ménage, se débarrasser des meubles inutiles, aérer les pièces et balayer la poussière. Avec notre culture rurale qu'aujourd'hui nous risquons d'envelopper de nostalgie, il s'est heureusement perdu beaucoup de ce qui n'avait persisté qu'en raison de notre retard, de notre tradition d'ignorance et d'injustice : la domination tyrannique des pères sur les fils et des hommes sur les femmes, la méfiance envers la nouveauté, le rejet des étrangers et des inconnus, l'usure physique terrible par les travaux des champs, durs et mal payés.

Il est bon de se souvenir si cela aide à comprendre le présent mais il est bon aussi d'oublier si la mémoire agit sur la vie comme un poids mort. Il est bon d'oublier les vieilles offenses et les rancœurs recuites causées par des avanies oubliées depuis longtemps, ou subies par d'autres, ou qui n'ont jamais existé : elles ne sont nuisibles qu'en raison de la véhémence que l'on met à s'en souvenir ou à les imaginer. Il faut être bien conscient de ce qu'on oublie et de ce qu'on se rappelle. On ne peut pas oublier la valeur et la précarité des bonnes choses qui ont été conquises, car alors on oublierait aussi la nécessité de les défendre avec constance. Pas plus qu'il n'est permis d'oublier les efforts des deux générations qui nous ont précédés, toutes deux marquées par la malchance, pères et fils, grands-parents et parents de notre génération – ceux qui étaient adultes au début de la guerre civile et y furent entraînés presque toujours de force, ceux qui étaient enfants et perdirent leur père au front ou assassiné ou emprisonné et qui parvinrent à la jeunesse dans les années de l'après-guerre et de la faim.

Il est bon d'être né dans la liberté et d'en profiter comme d'un usage établi, comme on jouit de la santé ou de l'air. Mais on perd la santé dès qu'on n'y veille pas ou lorsque brusquement survient une maladie, et la respiration devient un luxe pour l'asthmatique. Il n'y a qu'un seul pas de l'habitude à l'inconscience, de l'inconscience au mépris. En un temps prodigieusement court, nous les Espagnols sommes passés de la dictature à la démocratie, de la pauvreté à l'abondance, de l'isolement aux voyages internationaux. Des personnes élevées dans le dénuement et dans la souffrance du travail ont élevé leurs enfants dans le gaspillage. Tel qui a fait ses études universitaires dans la précarité, logé dans de mauvaises pensions, mal mangé dans des gargotes, en économisant au maximum pour faire durer toute l'année scolaire le maigre montant d'une bourse, quand il a eu des enfants leur a donné une vie meilleure qu'il ne l'aurait jamais imaginée sans pourtant bien souvent prendre la peine de leur inculquer le sens des responsabilités ni l'amour de l'étude.

De la nécessité de tirer parti de tout on est passé dans bien des cas à l'habitude inconséquente de tout gaspiller. La génération même qui a grandi sans le moindre droit a voulu inventer un monde où les devoirs semblaient ne pas exister. Enfants, nous avons vécu soumis à un tyran décrépit dans un pays gouverné par des vieillards : en prenant de l'âge, beaucoup d'entre nous se sont obstinés à prolonger une jeunesse fictive et à flatter les jeunes au lieu d'exercer envers eux leurs responsabilités d'adultes et l'obligation de les éduquer. De même qu'il est devenu à la mode d'être au moins aussi nationaliste que les nationalistes, il a fallu être aussi jeune que les jeunes sinon plus, et imiter de manière ridicule les bamboches juvéniles pour faire semblant d'être au goût du jour, et ne pas passer pour un vieux rabat-joie ranci.

83

Tant qu'il y avait de l'argent, rien n'avait tellement d'importance. Rien n'importait vraiment. Nous pouvions être gouvernés par des incompétents, des voleurs ou des ignorants, ou par des personnes qui réunissaient ces trois qualités : malgré leur mauvaise gestion, l'économie prospérait emportée par le double mirage de l'argent bon marché et de la bulle immobilière ; malgré les vols qu'ils commettaient et malgré les nombreux parasites qu'ils autorisaient à ponctionner l'administration, il y avait tant d'argent qu'on en trouvait toujours assez pour presque tout. Qu'importait que nos présidents du gouvernement ou nos représentants dans les organismes internationaux aient été incapables de dire trois mots dans une quelconque langue étrangère, qu'ils n'aient pas eu la moindre notion du savoir-vivre qui subsiste ailleurs dans le monde, hors de la bulle du sans-gêne espagnol.

Comme à la cour des ducs dans *Don Quichotte*, de fastueux simulacres usurpaient la place de la vie réelle et engloutissaient des montagnes d'argent dont l'origine ne semblait soucier personne. Chaque communauté était un Pays de Cocagne et chaque municipalité une île Barataria où de joviaux analphabètes faisaient semblant de gouverner presque toujours avec moins de sens de la justice que le pauvre Sancho Panza qui, en fin de compte, sortit de son aventure aussi pauvre qu'il y était entré, contrairement à tant de maires et d'adjoints espagnols.

Il n'était pas grave de détruire une plage vierge pour y construire un hôtel ou des maisons de luxe. Il n'était pas grave que dans notre pays qui a de tout temps manqué d'eau on installât quand même des terrains de golf. Rien n'était grave et rien ne semblait avoir de conséquences. Qui allait craindre une condamnation pour une infraction aux lois d'urbanisme quand ceux qui étaient chargés de les appliquer étaient les premiers à les contourner. Chaque pays de cocagne avait son propre mini-État au grand complet, son pompeux palais présidentiel et ses courtisans, sa cartographie officielle où il étendait sa domination fantaisiste sur l'espace en blanc des pays voisins, ses aéroports, ses universités, un droit d'exclusivité sur ses propres rivières, son système de santé, son système éducatif, son service diplomatique, sa langue, sa culture, et même sa propre préhistoire.

L'argent tombait du ciel. Il venait de l'État central et, quand cela ne suffisait pas, il venait des emprunts que les banques étrangères accordaient si généreusement comme du temps des banquiers autrichiens. L'argent des fonds européens coulait aussi miraculeusement que des siècles plus tôt l'or et l'argent des Indes occidentales. Il semblait être un cadeau supplémentaire de la providence et c'était à nous de le dépenser, et de le dépenser surtout dans un luxe ostentatoire, exactement comme autrefois, et pour l'entretien de la « cour des miracles » des profiteurs et des pillards de la politique.

Rien n'était grave. Par capillarité, la corruption peut infecter de cynisme une société entière, dans chacun des domaines, privé ou public. Chaque petite corruption ajoutait sa dose de poison à l'atmosphère viciée que tout le monde sans exception respirait, chaque défaillance mineure confortait celles qui se pratiquaient à grande échelle. Pour obtenir aussi bien une chaire universitaire qu'une place de concierge l'essentiel n'était pas d'être compétent mais d'avoir les meilleures relations. Peu importait qu'on soit économe ou non dans la dépense de l'argent qui vous était confié. Peu importait de vérifier l'exactitude d'une information avant de la publier dans un journal. Peu importait d'orthographier exactement un nom étranger. Il n'était pas nécessaire de travailler pour réussir une année d'études. Étudier ou ne pas étudier, cela ne faisait aucune différence parce que de toute façon des pédagogues et des politiques bienveillants assuraient que tous les élèves arriveraient au bout de la scolarité obligatoire sans que l'on s'occupe de vérifier s'ils avaient appris quelque chose.

La classe politique elle-même, les célébrités de la télévision et les spéculateurs heureux donnaient l'exemple : sans rien savoir, et même en faisant montre d'insolence et de grossièreté, il était possible de devenir riche ou célèbre et de se hisser jusqu'aux plus hauts postes du gouvernement. Il n'était même pas nécessaire d'avoir terminé sa scolarité obligatoire : à quoi bon un titre de bachelier si l'on pouvait gagner plus que n'importe quel professeur comme manœuvre dans le bâtiment ou comme garçon de café ; il n'était pas non plus nécessaire d'apprendre les langues pour comprendre les touristes alors qu'ils affluaient d'eux-mêmes et par millions.

Quand j'étais enfant, une cruelle expression résumait la place occupée par le savoir dans notre pays durant des siècles : « Être plus affamé qu'un maître d'école ». En prenant de l'âge, j'ai vérifié avec une tristesse inconsolable à quel point le savoir continue d'être traité avec le même mépris. Le peu de considération pour les enseignants ajouté à une immense intrication d'irresponsabilités suffit pour que notre pays ait un des taux les plus élevés de décrochage scolaire en Europe, pour que de nombreuses personnes parmi les mieux formées aient besoin de s'expatrier pour exercer leur talent. Et le plus grave de tout : pour que s'élargisse le fossé entre ceux qui ont reçu une bonne éducation et les ignorants, pour que se renforce de plus en plus l'écart entre les privilégiés et les pauvres.

84

Ces dernières années, j'ai été surpris que le délire pût durer si longtemps. Parfois je me suis senti comme un pèlerin dans mon propre pays, comme un étranger chez moi. Des amis américains qui connaissent l'Espagne avec cet amour fasciné et lucide que ne procure peut-être que la condition d'étranger me rapportaient une impression analogue : c'étaient des professeurs venus à Madrid comme étudiants dans les années soixante, témoins beaucoup plus perspicaces que nous de l'immensité des changements qu'ils découvraient à chacun de leurs retours, qui regardaient, heureux et étonnés, la grande explosion de liberté qui a suivi la mort de Franco et sympathisaient avec les transformations progressistes des années quatre-vingt, qui observaient le bouleversement radical de la vie et des lois, l'irruption de l'abondance.

Parce qu'ils nous voyaient de l'extérieur, mais aussi de près, ils étaient mieux placés que nous pour évaluer ce que nous avions gagné et perdu. Et chez tous ceux-là, comme chez certains étrangers venus vivre en Espagne dans les années soixante et soixante-dix, attirés par une beauté intacte et sauvage qu'ils ne trouvaient déjà plus ailleurs en Europe, j'ai remarqué une réserve peinée, la conscience de certains changements qui avaient peut-être commencé à la fin des années quatre-vingt-dix et qui les éloignaient du pays où ils s'étaient sentis à l'aise jusqu'alors : ils ont remarqué – ils nous le racontent – une brutalité nouvelle, un sans-gêne qui les surprend d'autant plus qu'il contraste avec les manières discrètes et le ton mesuré dont ils se souviennent tous, infailliblement, comme une de leurs premières impressions d'Espagne.

C'était un pays, disent-ils, de gens pauvres et bien élevés, extrêmement dignes, avec des manières cordiales et courtoises que l'on remarquait surtout chez les plus humbles. Ils nous ont vus devenir riches, bruyants et grossiers. Et ils ont vu dans quelle indifférence générale la destruction des paysages naturels et des petites villes a été accueillie, avec quelle négligence on anéantissait ou abandonnait ce qui était admirable pour le remplacer par un luxe vulgaire, comment était abolie une mémoire visuelle et populaire qui constituait peut-être notre meilleur patrimoine.

Et ils se sont étonnés, surtout durant la dernière décennie, de la hargne nouvelle qui régnait dans le débat politique, de la fureur acharnée que semblaient mettre certaines des figures publiques les plus éminentes, de droite comme de gauche, à discréditer et à détruire tout le délicat édifice institutionnel construit au prix de si grands efforts durant plus de trente ans.

Durant cette période, nous avons inventé ou retrouvé

tant de traditions et nous n'avons pas su construire celle dont nous avions le plus besoin : la tradition démocratique. La majeure partie d'entre nous n'était pas démocrate à la mort de Franco. Nous étions antifranquistes mais pas démocrates. Nous ne pouvions pas l'être. Nous étions nés et avions grandi sous une dictature. Dans leur immense majorité, ceux qui s'étaient engagés pour la cause de la République étaient en exil ou morts. La République avait eu une existence brève et conflictuelle et la tyrannie durait depuis presque quarante ans.

Et survint la démocratie : une fois libérée ce fut une force que personne ne put contrôler. Le nombre de démocrates existant en Espagne immédiatement après la mort de Franco était peut-être aussi réduit que celui des antifranquistes immédiatement avant. Le nombre des antifranquistes a augmenté au fur et à mesure que passaient les années qui ont suivi la fin de la dictature, mais leur véhémence croissante ne peut compenser le caractère rétrospectif de tant d'héroïsme. Les héritiers du régime les plus favorables à ce qu'on appelait alors « l'ouverture » imaginaient probablement une démocratie limitée, ou beaucoup plus progressive, qui leur aurait permis de conserver certains de leurs privilèges tout en étant acceptés en Europe. Quant aux antifranquistes – les socialistes, rares ; les communistes, hégémoniques ; les trotskistes ou maoïstes, consacrant plus d'énergie à planifier de fantasmagoriques prises de pouvoir et à dénoncer le révisionnisme du PC qu'à conspirer sérieusement contre la dictature – leur idée de la démocratie était totalement machiavélique.

Ici, je dois à nouveau utiliser la première personne : la démocratie que nous appelions bourgeoise ou formelle nous semblait tout au plus une « formalité », une voie plus ou moins rapide vers le communisme ou le socialisme. Nous qui gravitions dans la zone d'influence du parti communiste supposions, sans en avoir une idée très précise, qu'une fois acquise la suprématie de la classe ouvrière et de ses alliés au travers des mécanismes bourgeois de représentation et de légalité, un autre régime s'installerait que beaucoup continuaient d'appeler sans rougir la dictature du prolétariat et sous lequel nous trouvions tous raisonnable que les libertés « bourgeoises » – d'expression, de réunion, etc. – soient d'une certaine manière subordonnées au triomphe de la cause révolutionnaire.

Parmi nous personne ne croyait aux crimes de Mao ou de Pol Pot, aux informations sur le Goulag, et les dissidents des régimes communistes n'avaient jamais suscité notre solidarité, ni la moindre trace de sympathie. Rejeter ouvertement le communisme était alors aussi peu présentable que d'être aujourd'hui en désaccord avec les nationalismes. Le traitement public que la gauche intellectuelle a réservé à Soljenitsyne quand il vint en Espagne, récemment expulsé d'Union soviétique, fut honteux. Notre rejet de la dictature de Franco n'éveillait en nous aucune compassion pour les souffrances des victimes d'autres dictatures, à moins qu'elles ne fussent fascistes. Même après avoir courageusement engagé le parti communiste dans la cause de la démocratie, Santiago Carrillo continuait de passer ses vacances comme invité officiel dans la Roumanie de Ceausescu. L'idée du franc-jeu démocratique nous était aussi étrangère que celle de la tolérance.

85

C'est la démocratie elle-même qui nous a faits démocrates, et pas d'un jour à l'autre. Mais elle était si fragile, ses racines étaient si ténues, elle était née dans des conditions si difficiles qu'elle ne pouvait pas s'implanter vraiment sans que nous fassions ce que nous avons négligé de faire : un immense effort pédagogique, une tentative pour transformer très vite en tradition ce qui n'était encore qu'une découverte récente. On peut improviser des constitutions, des lois électorales, mais pas des habitudes qui mettent très longtemps à s'établir, à s'enraciner dans la vie et dans la conscience des personnes, dans la pensée, dans les agissements quotidiens.

Une tradition démocratique ne s'improvise pas. Personne ne respecte spontanément une opinion qui contredit la sienne, n'accomplit spontanément ses devoirs envers la communauté sans la vigilance d'un agent ou la menace d'une sanction. Mais tout peut s'apprendre et il n'existe pas de véritable tradition – ne parlons pas d'une imposture chimérique – qui n'ait connu des débuts difficiles et incertains, qui n'ait été sur le point d'échouer ou de tourner court, qui n'ait été marquée par des erreurs terribles, par des régressions, par des imperfections qui furent très difficiles à corriger. Apprendre demande des efforts, cela nécessite non seulement du temps mais aussi de la volonté, un engagement obstiné, de la persévérance à l'état pur.

Nous avons appris quelque chose car nous avons cohabité dans la liberté et sous la protection de la même constitution depuis aujourd'hui trente-quatre ans, une durée plus longue que celle d'aucune autre tentative démocratique dans notre pays. Soudain nous avons démenti le fatalisme de presque tous les pronostics que l'on faisait sur nous dans le monde à la veille de la mort de Franco, et même ceux de nos prétendus penseurs les plus éminents.

Nous ne nous sommes pas empêtrés dans une autre guerre civile. Notre histoire n'a pas été la plus triste de toutes les histoires de l'Histoire, pour paraphraser les beaux vers trompeurs de Jaime Gil de Biedma, parce que précisément cela ne s'est pas mal terminé, si du moins nous observons, par exemple, les indicateurs du bien-être et de la longévité, le niveau de respect envers les homosexuels ou celui de la participation des femmes à la vie professionnelle et politique au lieu de nous perdre dans les brouillards métaphysiques habituels de l'exécration mutuelle et des « deux Espagnes ». L'histoire de notre pays n'est pas semblable au boudin, comparaison apparemment ingénieuse de Ángel González, puisqu'elle n'est pas faite de sang et ne se répète pas.

L'histoire ne se répète jamais. Nous ne sommes condamnés ni à l'exécration mutuelle ni à quoi que ce soit d'autre. En 1956, avec des centaines de ses militants emprisonnés et torturés, le Parti communiste espagnol annonçait sa politique de Réconciliation nationale. À cette époque, beaucoup de fils de vainqueurs luttaient déjà contre la dictature. En 1962, à Munich, des exilés de droite comme de gauche, des ex-dirigeants du régime, vainqueurs et vaincus, monarchistes et républicains, nationalistes catalans et basques, se mirent d'accord pour revendiquer pour l'Espagne une démocratie dont personne ne serait exclu et où seraient reconnus les droits nationaux du Pays basque et de la Catalogne. En 1974, un ex-dirigeant de la Troisième Internationale, Santiago Carrillo, et un ex-franquiste membre de l'Opus Dei, Rafael Calvo Serer, fondèrent en commun la Junte démocratique. En 1977, au premier parlement librement élu depuis 1936, s'assirent côte à côte Manuel Fraga Iribarne et Dolores Ibárruri. Dans le pacte de la Moncloa, toutes les forces politiques s'accordèrent sur un certain nombre de mesures claires et catégoriques qui évitèrent l'effondrement de l'économie et, dans son sillage, celui de notre démocratie encore si fragile. En février 1981, au Congrès occupé par des gardes civils putschistes, les trois seuls hommes qui eurent en même temps le réflexe de ne pas se mettre à l'abri des tirs en se cachant sous les bancs rassemblaient dans leurs biographies respectives trois facettes différentes du déchirement espagnol : trop jeune pour avoir participé à la guerre civile, Adolfo Suárez avait été un bureaucrate phalangiste précoce ; mais Santiago Carrillo avait fait partie de la Junte de défense de Madrid, chargé de traquer des membres de la cinquième colonne ; et le lieutenant général Gutiérrez Mellado, lui, avait fait partie de cette cinquième colonne.

86

Ni demain – ni hier – n'est écrit. Ceux qui croient par fatalisme que rien ne pourra s'arranger sont aussi peu crédibles que ceux qui, par optimisme, pensent que les bonnes choses, parce qu'elles paraissent solides, vont nécessairement durer. Rien n'est là pour toujours. Personne ne peut rien prévoir. Aucun futurologue ne connaît quoi que ce soit du futur. Quand on a évalué les prévisions des experts dans n'importe quel domaine – économie, politique, sociologie – on s'est aperçu que le pourcentage de leur réalisation ne dépassait jamais les cinquante pour cent de la probabilité statistique. Le cours de l'histoire ne ressemble pas à l'ordre infaillible de la mécanique céleste de Newton mais à l'indétermination chaotique des états atmosphériques. Ce qui, progressant lentement, était invisible ou considéré comme normal, tombe soudain dans ce que les physiciens appellent une transition de phase et s'accélère, de manière désastreuse ou favorable.

Il n'y a pas de progrès ni de déclins linéaires. Le point de non-retour surgit, sans prévenir. Dans un quartier, la sécurité se détériore imperceptiblement, avec des délits sporadiques, et soudain, un jour, les rues sont devenues invivables. Une tension politique s'aggrave et alors que chacun s'était plus ou moins accoutumé à une atmosphère d'affrontement verbal et de violence épisodique, un seul fait bouleverse tout et un conflit civique éclate.

Il faut veiller à ne pas accepter distraitement la normalité parce qu'on peut découvrir rétrospectivement que c'était une normalité monstrueuse. Mais il faut savoir aussi que l'on peut remédier à l'inertie de ce qui est irrationnel et nuisible, que l'on peut venir à bout même des préjugés les plus obscurantistes. Il ne s'agit pas de propos rapportés ou de lectures diverses : chacun de nous en a fait l'expérience dans sa propre vie. Aujourd'hui nous regardons une publicité d'il y a trente ou quarante ans et nous sommes étonnés de l'avoir si souvent vue sans jamais remarquer son sexisme obscène. Quand les garçons de ma génération étaient déjà de jeunes hommes, ils trouvaient normal que ce soient nos mères et nos sœurs qui assument les tâches ménagères. Nous lisions nos manuels gauchistes ou nos revues alternatives tandis qu'autour de nous les femmes de la famille débarrassaient la table, peut-être même sans nous en rendre compte laissions-nous tomber par terre la cendre de notre cigarette et, absorbés dans notre lecture, ne remarquions-nous pas non plus que notre mère la balayait.

Contrairement à ce que pensent les partisans de l'essence et de l'identité, les choses changent en permanence et donc peuvent changer pour un mieux sans que l'on en prenne vraiment conscience. Ce qui un jour est impensable deviendra banal ; ce qui est banal au point d'en être invisible deviendra très vite inacceptable. Quand j'étais enfant, les femmes ne fumaient que dans le monde fantastique des films. Qu'une femme fume dans notre monde quotidien aurait été aussi scandaleux que de la voir porter un pantalon. À la fin des années soixante-dix, dans les années quatre-vingt, en Espagne, hommes et femmes, nous fumions n'importe où, et quand nous n'avions pas de cendrier sous la main, nous jetions la cendre et les mégots par terre. Les chauffeurs d'autobus fumaient comme fumaient les voyageurs, les infirmiers fumaient en poussant les brancards dans les hôpitaux et les médecins fumaient à la consultation. Les professeurs fumaient sur leur estrade tout en dissertant et les étudiants fumaient sur les bancs.

Au début, le changement a dû être si progressif que personne ne le remarquait. Les premières interdictions nous paraissaient folkloriques ou irritantes. Pourtant, non seulement on les a respectées mais, à partir d'un certain moment, fumer n'importe où cessa d'être socialement acceptable, et peu à peu cela devint même inimaginable.

87

Rien n'existe pour toujours, rien ni personne n'est d'une seule pièce. Notre tradition n'est pas, et n'a jamais été, seulement celle de l'Espagne noire. Nous avons connu l'intégrisme des Almohades et des Almoravides qui ont brûlé les bibliothèques d'Al Andalus bien avant que les conquérants chrétiens ne le fassent, mais aussi l'indulgence éclairée des sultans omeyyades, peu regardants sur l'orthodoxie islamique, qui collectionnaient les traductions d'Aristote et n'étaient indifférents ni aux plaisirs du vin ni aux savoirs scientifiques des Grecs et des Perses. Le calife Abd al-Rahman III était un neveu de la reine de Navarre.

L'Alcázar de Séville a été construit pour le roi chrétien Pedro Ier par des architectes et des artisans musulmans venus de Grenade. Dans la Castille médiévale de la Reconquête, nous avons connu des esprits libres comme l'archiprêtre de Hita et Fernando de Rojas. Le XVIe siècle de l'Inquisition et de la Contre-Réforme est aussi celui de Luis Vives et des érasmistes, celui des traductions de l'hébreu de Fray Luis de León et de Casiodoro de Reina, qui donna à la Bible toute la beauté sensuelle et terrible du castillan de *La Célestine*.

Les massacres de Pizarro et de Cortès ne font pas plus partie de l'histoire de notre pays que l'éthique universaliste du père Bartolomé de las Casas qui osa affirmer, avant même Montaigne, ce que presque personne ne pensait alors en Europe : que les indigènes des Indes étaient des hommes, autant que les Européens. Le sourire ironique et l'irrévérence de Cervantes sont aussi libérateurs que l'allégresse de Montaigne, qui connut une vie beaucoup moins ingrate et qui était né d'une mère juive espagnole. L'Inquisition avait interdit les romans dans les nouveaux royaumes d'Amérique mais le premier livre imprimé sur tout le continent fut une grammaire nahuatl. Le ténébrisme, les martyrs et les ermites à la chair macérée dans la pénitence des tableaux de Zurbarán ou de Ribera n'effacent pas la sereine luminosité de Velázquez. La caricature des conquistadors et des moines ignorants convertissant de force les Indiens est moins vraie que les traitements humains des jésuites dans leurs missions. Au XVIIIe siècle, les expéditions scientifiques de Jorge Juan et d'Alejandro Malaspina sont beaucoup moins connues que celles du capitaine Cook, mais non moins admirables dans leur ambition d'aventures de la connaissance. Le naturaliste José Celestino Mutis consacra sa vie à étudier la faune et la flore de la Colombie et entretint d'égal à égal des correspondances avec Linné et Humboldt. Jovellanos et Goya ont été deux grandes et généreuses intelligences des Lumières européennes : tous deux amis, tous deux déçus, tous deux condamnés à l'exil.

La constitution de Cadix de 1812 n'eut pas moins d'influence sur les mouvements de libération de la première moitié du XIXe siècle que la constitution américaine. Les mots *autodafé* ou *grand inquisiteur* ou *junte* ne sont pas les seuls à être passés de l'espagnol dans d'autres langues, il y a aussi le mot *libéral*. Dans les premières années de la Deuxième République espagnole, Clara Campoamor réussit à faire accorder le droit de vote aux femmes, avant la plupart des pays européens, et Victoria Kent imagina une politique pénitentiaire d'une humanité exemplaire.

La peine de mort fut abolie en Espagne par la constitution de 1978, plus tôt qu'en France ou qu'au Royaume-Uni. Quand en 2006 le mariage homosexuel fut adopté, la Hollande était le seul pays où il existait déjà. Je ne me vante pas des mérites de mon pays, pas plus que je ne cherche dans le passé des motifs de fierté : je crois simplement nécessaire de dire que tout n'a pas été sombre, sanguinaire ou terrible dans l'histoire de l'Espagne et que, s'il n'y a pas eu de prédestination dans nos infortunes du passé, pour l'avenir il n'est pas non plus obligatoire que les pires hypothèses se réalisent.

88

Comme aujourd'hui tout est devenu incertain, nous avons du mal à croire que le mirage de la sécurité ait duré aussi longtemps. De temps en temps, pendant les années du délire, je pensais que lorsque surviendrait l'inévitable réveil une des premières tâches serait de faire le tri entre le superflu et l'indispensable et de décider à quelle part de l'un nous étions disposés à renoncer pour sauver l'autre, si tant est que nous ayons le choix. C'est une question qui m'obsède : d'un côté, il existe des intérêts internationaux très puissants qui s'efforcent, dans chaque pays, avec l'aide de leurs sicaires politiques, de détruire le modèle européen du bien-être social afin que la santé, l'éducation, les retraites et les services publics essentiels deviennent une mine de bénéfices fabuleux ; de l'autre côté, la classe politique espagnole dépend trop, pour sa prospérité et son pouvoir, d'une administration hypertrophiée et dépensière pour qu'elle entreprenne sérieusement de la réformer.

La primauté du rôle de cette classe dépend aussi de ce que le climat politique continue d'être âpre et sectaire, afin que l'intensité des adhésions partisanes ne décroisse pas : elles sont en effet une garantie amplement démontrée d'immunité et d'impunité. Rien ne menace plus le bien-être de la classe politique que des citoyens qui lui tourneraient le dos, ou refuseraient désormais d'agir comme des comparses dans ses projets délirants, ou qui lui demanderaient des comptes sur chacun des centimes qu'elle gère et sur chaque décision prise, au lieu de gober la fable de l'ennemi extérieur qui serait coupable de tout.

En 2007, la classe politique andalouse décida qu'il était prioritaire d'avoir un nouveau statut d'autonomie où l'on reconnaîtrait que l'Andalousie n'est plus une région, chose apparemment de peu de valeur, mais une entité qu'on appellerait « réalité nationale ». Pour avoir encore plus de pouvoir, il fallait disposer de nouvelles compétences exclusives : notamment sur le fleuve Guadalquivir et sur l'art du flamenco (comme si à Madrid, à Barcelone, au Festival des mines de Murcie le flamenco n'existait pas aussi, comme si l'on pouvait donner des limites administratives à une musique ou au cours d'un fleuve).

Les vieux mécanismes unanimistes se mirent en branle ; le premier de tous, la comparaison qui révèle l'injustice : pourquoi nous, les Andalous, serions moins considérés que les Catalans et les Aragonais, qui avaient déjà ces nouveaux statuts ? Le deuxième, la délégitimation de la critique que l'on provoque en confondant un territoire avec une idéologie : mettre en doute la nécessité du nouveau statut équivalait à être contre l'Andalousie, à être complice de sa longue et injuste oppression historique. Le troisième, le sectarisme politique : comme la droite avait tardé à rejoindre le projet, être de gauche exigeait qu'on l'approuvât.

La campagne publicitaire fut immense, et bien entendu personne ne s'intéressa beaucoup à son coût. Il y eut des semaines de campagne pour tous les partis, d'innombrables heures de propagande à la télévision publique, des articles dans la presse, des débats, des célébrités qui appelèrent à voter au référendum, et à voter oui. Les seules voix discordantes venaient des nationalistes et des groupes d'extrême gauche qui faisaient campagne pour le non parce que le nouveau statut ne reconnaissait pas le droit des Andalous à l'autodétermination : une demande apparemment prioritaire de notre peuple. Le parlement andalou avait approuvé le statut presque à l'unanimité ; au référendum il y eut plus de 63 % d'abstentions. Ce soir-là à la télévision, sur les visages des politiques, ni la stupeur ni la contrariété ne parvenaient à effacer le cynisme. D'une manière ou d'une autre, ils étaient arrivés à leurs fins. Leur lucrative fantasmagorie avait une fois de plus pris le pas sur la réalité. Il y en eut même un pour dire que les Andalous étaient tellement contents de leur statut et de leur gouvernement qu'ils n'avaient pas trouvé nécessaire de se déranger pour aller voter.

89

Il y a des luxes que nous ne pouvons plus leur permettre. Durant trop d'années nous devrons rembourser les emprunts qu'ils ont contractés pour financer ces délires qui étaient toujours des délires de grandeur. Ce qui a été gaspillé pour le superflu nous manque maintenant pour l'indispensable, et la répartition des charges n'est pas proportionnelle à l'importance des responsabilités, de même que la souffrance de ceux qui doivent payer les conséquences est sans commune mesure avec l'impunité de quelques-uns.

Aujourd'hui nous sommes forcés de nous réveiller et nous découvrons une chose que nous avions oubliée : nous sommes pauvres. Et nous allons l'être encore plus, et pour longtemps. Nous étions de nouveaux riches et aujourd'hui nous voilà de nouveaux pauvres. Nous ne jouons plus dans cette *Ligue des champions* qui enthousiasmait tant le président Rodríguez Zapatero, nous ne sommes plus assis à la table des puissants de ce monde où le président Aznar a cru être un invité et s'est rendu compte qu'il n'était qu'un comparse. Nous sommes pauvres et écrasés de dettes. Relativement pauvres, c'est vrai. Il faut en prendre conscience pour ne pas perdre une fois de plus le sens de la mesure. Nous sommes les parents pauvres ou très peu fortunés du club des gens très riches, et même pas les plus pauvres des parents pauvres du club. Beaucoup moins pauvres qu'une grande majorité de l'humanité ; beaucoup moins que nos grands-parents ou que nos parents.

Comment faisaient-ils ? Même dans des conditions beaucoup plus favorables, nous devons apprendre à tirer le meilleur parti de nos rares richesses, à affûter notre ingéniosité pour trouver des ressources là où il semble ne pas y en avoir. C'est un apprentissage salutaire. Ce qui nous est vraiment nécessaire n'est jamais inépuisable. Le gaspillage de l'eau est impardonnable alors que des millions de personnes dans le monde ne peuvent en profiter, et plus encore dans un pays en majorité aussi aride. Il n'est pas normal qu'un responsable politique aille au bureau dans une voiture officielle de luxe alors qu'on lésine sur les médicaments nécessaires à un retraité, ou qu'on réduit de vingt pour cent le salaire d'un professeur, d'un policier ou d'un médecin de la Sécurité sociale.

Pendant longtemps, personne dans la vie politique n'a pris la peine de se poser la question que l'on se pose en permanence dans la vie privée avant d'acheter quelque chose : combien cela coûte-t-il ? Et comme nous sommes pauvres et n'avons pas d'argent pour tout, nous devons savoir que chaque dépense engagée implique une autre dépense que nous ne ferons pas, ou une économie à laquelle nous renonçons. S'il existe des pays deux fois plus riches que le nôtre, avec une population deux fois plus nombreuse et qui ont moitié moins de communes, nous devrons être vigilants et remédier à ce qui semble être une absurdité. Si les communautés autonomes existent, il est très probable que l'on n'a pas besoin des conseils provinciaux. Si un compromis a pu être trouvé dans l'urgence pour modifier la constitution en y inscrivant une limite au déficit public, il ne devrait pas être difficile de se mettre d'accord avec la même rapidité sur la suppression du Sénat. Comme la santé et l'éducation sont plus nécessaires que le divertissement ou l'endoctrinement politique, il faudrait fermer les innombrables télévisions régionales officielles avant de réduire d'un centime les budgets de l'enseignement et de la santé. Et être de droite ou de gauche, centraliste ou séparatiste, ne devrait pas entrer en ligne de compte pour se scandaliser de voir beaucoup moins d'argent dépensé pour la recherche scientifique que pour subventionner des fêtes patronales ou des matches de football, des corridas et des processions religieuses.

90

Les droits auxquels il ne faut jamais renoncer et ceux qui sont trop précieux pour être laissés à la merci de l'avidité d'intérêts privés ou de factions politiques ne sont pas nombreux : l'éducation, la santé, la sécurité juridique qui protège l'exercice des libertés et l'initiative individuelle. Dans la majeure partie du monde, ces droits n'existent pas, et en Europe ils sont assez récents. Dans notre pays nous nous y sommes habitués comme si nous en avions toujours joui ; pourtant ils sont si nouveaux que les personnes de ma génération se souviennent bien d'en avoir été privées. Même ce qui semble le plus naturel est un privilège inouï : aller tranquillement dans les rues, de jour comme de nuit, sans peur d'être enlevé, attaqué, assassiné ; ouvrir un commerce en respectant des règles claires et stables sans qu'un concurrent y mette le feu, sans qu'une personne du gouvernement s'en empare, sans que la police vous rackette ; se mettre en grève pour défendre une amélioration dans son travail ou protester contre un abus ; trouver évident qu'un policier puisse vous aider et non vous dévaliser ou vous extorquer de l'argent ; que la présomption d'innocence vous soit reconnue si vous êtes accusé ; si vous êtes arrêté, que votre détention soit soumise à un contrôle légal et ne puisse se prolonger au-delà d'un certain temps. C'est aussi simple que cela. Nous les Européens, les Occidentaux, nous sommes en général mal élevés et nous nous permettons le luxe de mépriser l'autorité de la loi. Il suffit de parler avec un ami colombien ou vénézuélien pour pressentir ce que signifie de ne pas pouvoir sortir dans les rues ; marcher avec lui dans Madrid ou dans New York et le voir s'étonner de l'absence de danger, danger de mourir tout simplement.

Tout cela nous semble très solide. Non parce que cela le serait par nature mais parce que nous l'avons toujours vu ainsi, de tout temps ou depuis si longtemps, et que notre imagination est très limitée. Nous imaginons à la rigueur une dégradation progressive, ou passagère, mais pas un écroulement définitif. Mais la situation se détériore peu à peu et soudain, au lieu de rester dans un état qui demeure tolérable, elle s'effondre complètement, sans transition, sans avertissement, comme s'effondre une maison qui semblait être figée dans une lente usure, comme s'effondre un cheval crevé de fatigue.

On ne peut réduire indéfiniment le budget de la justice ou de l'éducation, le salaire des policiers, la dotation des services d'incendie, le nombre de lits ou d'équipes de médecins et de chirurgiens dans un hôpital. Passé un certain point, le désastre survient et la détérioration cesse d'être réversible : un malade meurt parce qu'on a trop retardé son opération, les policiers sont tellement démoralisés ou tellement pauvres qu'ils se vendent à la mafia, le feu éclate et dévore une forêt sans que personne ne l'arrête, l'école devient infréquentable et seuls y restent les enfants dont la famille ne peut payer un collège privé.

Rien n'est à l'abri. Rien de précieux ne peut être négligé, pas même durant une minute. Les spécialistes d'urbanisme s'étonnent de voir combien les villes se dégradent rapidement dès que survient un contretemps économique ou que les services publics font défaut. Un quartier paisible où les habitants se connaissent depuis toujours, où les enfants vont seuls à l'école et jouent dans la rue, peut devenir un champ de bataille entre bandes ou le territoire dévasté d'un trafic de drogue. Une société qui semblait civilisée se désagrège dans la barbarie d'une guerre civile. Comme il est beaucoup plus rapide de détruire que de construire, la masse critique qui déclenche la calamité sera beaucoup plus vite atteinte que celle qui engendre la concorde civique. Pour qu'une ville fonctionne convenablement, il faut l'accord implicite et durable de milliers, voire de millions, de personnes ; pour qu'elle devienne un enfer, il suffit de quelques vauriens, pas même courageux ou intelligents, mais assez idiots pour se laisser intoxiquer par une idéologie messianique, et assez chanceux pour mener à bien un plan de destruction brutale.

91

Nous avons besoin de débattre de manière ouverte, rigoureuse et sans crainte, sans surveiller du coin de l'œil si ce que nous avons à dire plaît ou non à ceux de notre bord. Nous avons besoin d'informations fiables sur les situations pour émettre à leur propos des opinions rationnelles et savoir quelles erreurs corriger, sur quelles réussites nous appuyer afin de trouver des solutions aux problèmes graves et urgents qui sont les nôtres. La classe politique a consacré plus de trente ans à exagérer des différences, à approfondir des blessures et à en inventer quand elles n'existaient pas. Maintenant il nous faut parvenir à des accords qui nous évitent l'usure des confrontations inutiles et nous permettent d'unir nos forces dans les engagements nécessaires. Aucune force politique ne peut, à elle seule, trouver des solutions pour ce qui aujourd'hui est vital. En 1930, les partis démocratiques s'unirent dans le pacte de Saint-Sébastien et parvinrent à l'avènement de la Deuxième République. En 1931, socialistes et républicains se présentèrent unis aux élections et il en résulta une politique réformiste commune qui dura plus de deux ans. Aux élections de 1933, socialistes et républicains se présentèrent séparément et ce qu'ils gagnèrent dans leur division fut une victoire des droites. Dans les mois précédant le début de la guerre civile, le parti socialiste était éclaté entre trois factions irréconciliables et cette division fut l'une des plus grandes faiblesses du régime républicain. Au printemps 1936, chacune des forces qui avaient soutenu la République et en avaient tiré profit crut que le coup d'État des militaires lui offrait l'occasion d'atteindre ses propres objectifs : pour les anarchistes, le communisme libertaire ; pour les socialistes de Largo Caballero, le triomphe de leur leader ; pour les nationalistes catalans, l'indépendance de la Catalogne ; pour les nationalistes basques, l'indépendance de l'Euskadi. Sans une telle désunion, Franco aurait eu beaucoup plus de mal à vaincre la République et ceux qui, avec tant d'irresponsabilité, avaient été incapables de parvenir au moindre accord se retrouvèrent ensemble en exil, ou en prison.

92

Quelques années seulement après s'être affrontés dans la Seconde Guerre mondiale, les Français et les Allemands furent capables de se mettre d'accord pour fonder l'embryon de l'Union européenne : il ne devrait pas être impensable de voir les caciques de la classe politique espagnole et de la partie la plus politisée des citoyens parvenir à certains accords fondamentaux après presque trente-cinq ans de démocratie. Nous avons autant besoin de décisions prises individuellement en toute indépendance que de grands changements politiques et législatifs.

Pour commencer, une réduction générale et limitée des autonomies serait peut-être utile, un passage de la raideur pétrifiée à la souplesse des fluides, de la pureté au métissage, du monolithisme au pluralisme. Une réduction, rien de plus, pas une renonciation et encore moins une apostasie. Que tout le monde accepte d'exister un peu moins qu'il n'existe aujourd'hui, peut-être de 20 ou 25 %. Il n'est pas nécessaire d'imiter le Sancho Panza des trois doigts de lard de vieux chrétien. Deux doigts, peut-être un seul, pourraient suffire. Un partisan passionné de « l'espagnolité » ne serait en rien lésé d'être 20 % de moins espagnol, en échange, cela lui permettrait de s'entendre avec un Basque et un Catalan qui auraient dilué d'autant leurs identités respectives. Pour avoir atténué de 20 % son gauchisme, un militant ne deviendrait pas pour autant un traître de classe mais serait peut-être mieux qualifié pour trouver un accord pratique avec quelqu'un qui ne pense pas comme lui. Il serait peut-être même salutaire pour quelques-uns des artistes ou littérateurs géniaux qui abondent chez nous de réduire de 20 ou 25 % leurs « génialités » respectives.

Il ne s'agit pas de renoncer à ce qu'on est mais d'accepter la part de nous qui ressemble aux autres, ce que nous avons tous en commun et qui nous constitue autant que ne le font nos différences. Aujourd'hui il serait temps d'entreprendre cette pédagogie démocratique, trop longtemps différée : accepter véritablement l'autre et faire passer la fraternité objective de la citoyenneté avant la consanguinité de la tribu. Nous accepter mutuellement, ce n'est pas trahir nos idéaux mais accepter la réalité et par conséquent renoncer au délire. Le croyant devra accepter l'existence des incroyants, le républicain celle des monarchistes. Les partisans de l'unité de l'Espagne devront s'habituer à cohabiter avec les indépendantistes et reconnaître que si un jour ceux-ci obtiennent une majorité décisive, on leur offrira la possibilité de partir. Et quoi qu'il arrive, même après la victoire de l'indépendance, on ne verra pas disparaître du jour au lendemain du nouveau pays ceux qui se sentent encore fidèles à l'ancien, ou ceux qui ne veulent pas choisir entre l'un et l'autre. Nous sommes littéralement condamnés à nous entendre, c'est une banalité de le dire, mais on a parfois l'impression que nous ne l'avons pas encore réalisé.

Pendant la guerre civile, les dirigeants de chaque camp agissaient comme si les partisans de l'autre n'avaient pas le droit d'exister ou pouvaient être éliminés. Au long d'un après-guerre qui n'en finissait pas, le général Franco et les siens pratiquèrent la tyrannie comme si la moitié vaincue du pays pouvait être retranchée, sans jamais lui concéder la moindre trace de légitimité. Même après la mort du tyran, la rhétorique guerrière de la victoire resta inchangée. Mais comme nous ne pouvons pas nous rayer mutuellement de la carte ni agir comme si les autres n'existaient pas, nous devrons accepter une bonne fois pour toutes la nécessité de la cohabitation. Et pour cohabiter, nous devrons reconnaître quelles sont les premières lettres de notre abécédaire jamais appris de la démocratie : non seulement l'autre existe mais il a pleinement droit à sa position, il ne peut être ni supprimé ni effacé, et en fin de compte nous avons plus de choses en commun avec lui qu'il ne nous plaît de l'admettre.

Et reconnaître aussi le fait que nous sommes tous changeants par nature pour peu que nous nous laissions influencer par la nouveauté et l'inconnu, par des informations dont nous ne disposions pas précédemment, et par l'opinion d'autres personnes qui méritent notre respect : se laisser soi-même influencer, accepter de bouger, ne pas s'enkyster dans la carapace d'un immobilisme qui, on ne sait pourquoi, jouit de tant de prestige en Espagne où l'on célèbre comme un mérite le fait de ne jamais évoluer, de rester fidèle à des convictions invariables, et où celui qui change aisément est accusé de déloyauté ou de traîtrise.

La pureté de sang est aussi chimérique aujourd'hui qu'au XVIe siècle et son obsession contient le germe d'une pathologie qui refuse de voir l'autre pour ne pas trouver chez lui une part détestée de soi-même. À dessein ou par force, par la simple loi de la vie nous nous sommes tous croisés et mélangés les uns les autres au point que nous ressemblons à ces familles nombreuses et un peu pitoyables qui se réunissent plusieurs soirs dans l'année, sans en avoir même envie, pour célébrer des fêtes et ressasser des hauts faits qui peuvent être irritants mais qu'il serait impossible de taire sans causer de graves blessures.

L'Espagnol centraliste le plus ardent devra accepter que nombre de ses compatriotes parlent d'autres langues et possèdent des traits culturels différents qui ne représentent aucune menace mais bien une richesse. Et le partisan de la Catalogne et du Pays basque devra aussi accepter que le castillan ne soit pas une langue étrangère, ni ennemie, mais qu'il appartient autant à son territoire que ceux qui y sont nés et le parlent, presque toujours ajouté à la langue locale, et que maîtriser les deux langues présente de multiples avantages.

Contrairement à ce qui est habituel chez nous, la négation catégorique n'a pas de raison d'être la seule manière d'affirmer ses idées. On peut être composé de ceci et d'autre chose en plus. On peut être deux ou trois choses en même temps, à divers degrés, en proportions inégales et changeantes, avec des articulations flexibles. De fait, c'est le cas le plus fréquent. Personne dans sa vie privée n'est d'une seule pièce, pas même l'intégriste le plus soucieux de se débarrasser de toute contamination pour vivre en permanence sa perfection identitaire, territoriale, sexuelle ou idéologique. La pureté n'est possible que dans l'abstrait : c'est pourquoi tous les fanatiques ont en commun le même mépris envers ce que la vie réelle et les personnes de chair et d'os ont de confus, de mélangé et d'imprévisible. C'est pour cette raison qu'il est plus facile de se mettre d'accord à l'occasion d'une tâche matérielle que lors d'une discussion politique ou philosophique. Nos actes parlent à notre place de manière beaucoup plus véridique que nos mots. Les mots ne coûtent rien et, qu'on les utilise pour mentir ou dire la vérité, leur son ne change pas. Les mots nous permettent d'être héroïques sans courir le moindre danger, d'être radicaux sans nous priver de la moindre des commodités de l'influence et de l'argent, d'être patriotes sans avoir rien fait pour le bien de la communauté, d'être généreux et en même temps avares.

93

Sans nous soucier des actes, nous avons vécu intoxiqués de paroles, plus attentifs à leur sonorité qu'à leur adéquation à la réalité – ce qui est peut-être le propre d'un pays dominé pendant des siècles par des théologiens, des prédicateurs, des hommes de loi approximatifs et des démagogues, des orateurs qui fascinaient avec le torrent de leur verbiage, par des histrions qui se hissaient à la chaire des églises, derrière la table de leur conférence, sur l'estrade des meetings. Les mots ont nourri le délire et, en même temps, à l'abri de leur cacophonie, nourri la réalité de ce qui se commettait : la rapine généralisée, la primauté de l'incompétence, l'élargissement du fossé entre les riches et les pauvres, entre les bénéficiaires d'une éducation de qualité et ceux qui étaient voués à l'ignorance et au retard.

94

Le clinquant des discours, qui a connu un tel succès ces dernières années, est un faux luxe superfétatoire que nous ne pouvons plus nous permettre. Il est urgent de prendre la mesure de nos paroles afin que ce que nous allons dire n'ajoute pas le moindre élément à la confusion, n'aggrave pas sans nécessité le climat trouble de la discorde. Et il est urgent d'évaluer aussi les paroles que l'on nous dira comme on vérifie la qualité d'un métal ou l'authenticité d'un billet de banque, afin de savoir si leur auteur ment ou non, si ses paroles correspondent à ses actes.

Nous avons un besoin urgent de comprendre ce qui arrive si rapidement autour de nous, et comme il n'est pas de compréhension sans mots, nous avons besoin qu'ils soient aussi clairs et précis que possible. Appeler un chat un chat. Ne pas craindre de nous méfier de ceux qui nous réclament la confirmation de leurs partis pris, ne pas craindre de les irriter. Mettre fin à l'indulgence espagnole pour l'imprécision ronflante. Vérifier les faits. Examiner les actes. Faire plus attention à qui agit et à qui parle, à ceux qui, dans chaque domaine, ont soutenu notre pays et sont parvenus à le faire encore progresser tandis que la classe politique se fourvoyait dans le parasitisme et l'égarement, tandis qu'une partie des journalistes et des intellectuels collaborait au grand simulacre du *Retable des merveilles*, ou se repliait sur ses propres fantasmagories au point de ne plus voir la réalité ou de trouver indigne de s'abaisser à la regarder : parents qui avec tendresse, constance et fermeté ont éduqué leurs enfants à être attentifs aux autres, leur ont lu des histoires le soir, les ont aidés pour apprendre à lire ; instituteurs et professeurs que n'a pas découragés le manque de considération pour leur métier, qui en l'accomplissant ont amélioré pour toujours la vie de leurs élèves ; entrepreneurs qui ont suscité de la prospérité et des emplois ; médecins qui, pouvant gagner beaucoup plus dans des cliniques privées, ont choisi de rester à l'hôpital public ; juges qui ont eu le courage de poursuivre les corrompus et les terroristes, appliquant rigoureusement les lois ; tous ceux qui ont aimé ce qu'ils faisaient, qui ont exercé leur métier avec le sens du devoir et la conscience de contribuer pour une part au bien-être commun, à la solidité de la vie civique. Il n'est pas de travail réel qui, vu de près, ne soit admirable. Et mieux il sera fait, moins son auteur aura besoin de faire sa propre réclame : c'est le travail qui montre par lui-même son exacte mesure, sans besoin de clinquant ni d'acrobaties publicitaires, l'œuvre se justifie par elle-même.

95

Nous avons besoin que l'activité politique soit véritablement assujettie aux contrôles simultanés de la critique et de la loi. L'austérité et la transparence sont aussi nécessaires que la rigueur dans l'information et que la liberté des débats publics, sans contraintes visibles ou invisibles. La vie de l'immense majorité d'entre nous empirera si nous finissons de perdre les acquis fondamentaux de l'état de bien-être social. Néanmoins, pour qu'il y ait un quelconque espoir de les conserver dans un monde qui leur est de plus en plus contraire, il nous faudra faire un double effort collectif de vigilance revendicative et de responsabilité, d'engagement public et d'honnêteté privée, parce que rien ne peut être tenu pour évident et que, pour sauver l'indispensable, il se peut que nous devions renoncer à plus qu'au superflu. Sur une planète de plus en plus dominée par les puissances financières et par des pays qui associent le despotisme politique et le capitalisme sauvage, l'Europe est une île d'équipements publics, de libertés individuelles et de protection sociale. Aux États-Unis, le parti républicain s'installe chaque jour davantage dans une extrême droite tournée vers l'intégrisme religieux et le démantèlement de toute limitation publique du pillage privé. Nous vivons dans ce monde, pas dans un autre. Ce que nous possédons est beaucoup plus singulier et fragile que nous ne le supposions. Pour le préserver nous n'avons pas d'autre solution que de pousser à l'extrême l'ingéniosité et la volonté de travail, que d'être productifs et économes, que de nous ouvrir à l'initiative et au talent de ceux qui viennent du dehors, que de nous doter d'un système éducatif qui favorise l'épanouissement des meilleures capacités pour le plus grand nombre. Il n'y a plus de place pour la complaisance, le conformisme, la flatterie.

96

Et il n'y en a pas non plus pour la certitude, pour aucune certitude. Rien n'est si solide qu'il ne puisse s'évaporer dès demain. Rien n'est si invraisemblable qu'il ne puisse survenir, et nous n'avons pas la moindre idée de ce que l'avenir nous réserve dans les prochains jours, pas plus que nous n'avons confiance dans l'idée que s'en font les prétendus experts qui vaticinaient sur tout et se trompaient sur tout, mais qui pourtant continuaient de prophétiser avec la même assurance. Je veux aujourd'hui témoigner de ce qu'est le présent pour savoir avec certitude, quand un certain temps se sera écoulé, combien de choses j'avais comprises alors qu'elles survenaient, pour ne pas projeter sur ce passé une connaissance qui n'appartiendra qu'à celui que je serai demain, non à celui que je suis aujourd'hui : celui qui écrit ce dimanche 2 septembre 2012 à Amsterdam, à la veille du premier lundi où finira la trêve du mois d'août.

97

J'ai commencé à prendre ces notes en mai de l'année 2011, à New York. Les nouvelles publiées sur l'Espagne et l'Europe dans la presse américaine étaient de plus en plus alarmantes. Alors que l'économie s'écroulait perdurait cependant la vieille habitude espagnole de vivre hors de la réalité, d'inventer des discordes politiques et fantasmatiques pour éviter de la regarder en face. Pourtant il se passait quelque chose d'inusuel. Dans presque toutes les villes, la place principale se remplissait d'une foule qui réclamait des changements radicaux dans la vie politique, qui n'appartenait à aucun parti, qui ne venait pas au secours de la forme habituelle de démagogie par laquelle chaque clan politique a coutume d'endormir ou d'exciter la partie des citoyens qui lui correspond. Les gens s'installaient sur les places et n'en partaient pas. Au téléphone, j'entendais la rumeur de la foule semblable au déferlement de la mer.

Je parlais avec l'un de mes fils qui se trouvait sur la place du Carmen à Grenade. Puis avec un autre de mes fils qui campait à la Puerta del Sol, à Madrid. Entendue de si loin, la clameur d'une telle multitude surprenait et provoquait une étrange nostalgie. Nous avions apprécié de partir, mais là il nous fallait rentrer aussitôt pour voir de nos propres yeux ce qui se passait. C'était comme si la fiction s'était brisée, comme si quelque chose qui avait duré, immuable, depuis si longtemps ne pouvait plus continuer. Et il semblait que les foules, composées presque uniquement de jeunes et de très jeunes gens, refusaient pour la première fois de servir de figuration dans le grand spectacle clientéliste de la vie politique espagnole. Ils disaient des choses très concrètes mais parfois aussi trop abstraites ; ils formulaient des projets raisonnables mais aussi des absurdités habillées d'un langage poétique ; mais ce mélange s'est trouvé aux origines de toutes les grandes transformations.

Il était intéressant d'observer les réactions de l'*establishment* politique, des discoureurs professionnels. Tout de suite l'on percevait le mépris de ceux qui ont l'habitude de tout savoir – les experts de l'école espagnole du sarcasme – mêlé aux réflexes de classe de la droite ; il était facile de rire des consignes les plus évidemment banales, de la manie des assemblées, du volontarisme, des découvertes ferventes de ces Méditerranéens, de parler avec mépris de hippies rancis, de drogués, de clochards à chiens. Mais l'impudence de l'extrême gauche officielle était tout aussi voyante, elle qui voulait feindre de ne pas faire partie de la boutique politique pour se joindre aux indignés.

J'ai commencé à écrire par rafales, précipitamment, cherchant à comprendre, à m'expliquer à moi-même ce qui nous était arrivé. Peut-être aussi cherchais-je à compenser ma tendance au désintérêt pour mon propre pays, mon manque de patience et d'attention pour observer la réalité : ce qui m'était extérieur et non pas ce qui était en moi, le présent immédiat et non le passé. Je me couchais, j'éteignais la lumière et je n'arrivais pas à dormir. Je me levais et j'écrivais, très vite pour ne pas oublier tout ce qui avait agité ma conscience durant l'insomnie, parfois au crayon, sur un cahier que je posais sur l'accoudoir du canapé. Quand enfin le sommeil avait raison de moi, on percevait par la fenêtre le début incertain de l'aube. Je calculais le décalage des heures, habitude de qui vit au loin ; à Madrid, à Grenade, cela devait être le milieu de la matinée, la foule devait se trouver à nouveau sur les places et parmi elle mes fils, mes fils nés sous la démocratie et habitués à tout ce qui pour moi avait été impossible quand j'avais leur âge, et aujourd'hui confrontés d'un coup à l'incertitude, à la stupeur de découvrir qu'aucune des promesses avec lesquelles ils avaient grandi ne semblait rester d'aplomb.

98

À moins d'être cynique ou sans cœur, avoir des enfants vous guérit des tentations apocalyptiques, de cette fureur compulsive qui pousse certains vieillards désespérés par le déclin de l'âge et l'approche de la mort à désirer que le monde ne leur survive pas. Ce que l'on espère c'est que les changements qui se profilent ne seront pas catastrophiques et que ses enfants mèneront une vie acceptable, celle que le plus grand nombre imagine et désire, exception faite des psychopathes et des illuminés.

Camus dit que la certitude de savoir que les soirées parfaites de septembre continueront d'exister quand nous ne serons plus là nous réconcilie avec la mort. Je voudrais que mes fils et les personnes qu'ils aiment ne vivent pas plus mal que j'ai vécu, n'aient pas moins de possibilités, ne respirent pas un air plus empoisonné, n'aient pas besoin de travailler comme des esclaves et ne soient pas engagés dans une compétition impitoyable, n'aient pas à se protéger derrière des portes blindées et de hauts murs de béton, ne vivent pas dans l'angoisse d'une maladie dont ils ne pourraient pas guérir ou de traitements médicaux qu'ils seraient incapables de payer.

J'aimerais qu'ils puissent continuer de circuler en Europe sans être arrêtés aux frontières, qu'ils n'aient pas à connaître l'angoisse des passeports et des visas, qu'ils ne soient pas obligés de jurer fidélité à un tyran ou d'acclamer un démagogue au milieu d'une foule, qu'ils n'aient pas à dissimuler leurs pensées ou à dire ce qu'ils ne pensent pas.

99

Dans les journaux américains l'Espagne, au bord de la faillite, était présentée comme un pays assombri par la crise. On y publiait des photos de quartiers fantômes où personne ou presque ne vivait et dans lesquels, la nuit, les rares habitants s'enfermaient à clef de crainte des rôdeurs qui forçaient les maisons vides pour y voler le cuivre des installations électriques. Une photo du *New York Times* présentait une salle de restaurant déserte et le visage inquiet d'un serveur âgé sans le moindre client dont s'occuper.

J'avais peur de rentrer en Espagne. Dans l'avion qui m'y ramenait, alors qu'approchait le moment de l'atterrissage, j'ai voulu fixer dans ma mémoire les impressions de l'arrivée, les couleurs sèches du paysage. J'avais trop longtemps vécu concentré sur mes imaginations, complice moi aussi de la longue irréalité espagnole. À Madrid, le fait que rien n'ait changé m'étonna et me procura une certaine tranquillité. Les terrasses des cafés étaient combles pour ces premières soirées de la canicule estivale. Il est vrai que dans mon quartier quelques commerces avaient fermé, que dans certains locaux autrefois occupés par des agences immobilières il y avait aujourd'hui des boutiques de fruits et légumes, presque toutes tenues par des Chinois. Partout des publicités et des affichettes proposaient d'acheter de l'or. Dans la rue Montera et à la Puerta del Sol de jeunes immigrants vêtus de gilets fluorescents distribuaient des prospectus qui offraient les meilleurs prix pour en acquérir.

100

Je suis à Amsterdam depuis un peu plus de deux semaines et j'y resterai encore presque un mois. Une fondation mi-officielle mi-privée qui s'occupe d'inviter des écrivains étrangers a mis à ma disposition un appartement agréable dans le centre en échange de fort peu d'obligations. J'ai été soulagé d'arriver dans ce climat tempéré après un mois d'août d'incendies et de chaleur extrême en Espagne. Je me suis installé presque depuis le premier jour dans une agréable routine. Le matin, longues promenades d'exploration de la ville, à pied ou à bicyclette. L'après-midi et jusque tard dans la soirée, travail. Après de nombreuses années consacrées au même métier, ma femme et moi savons nous concentrer, chacun sur sa propre écriture, isolés même si nous sommes dans la même pièce, en l'occurrence un grand espace clair qui comprend un studio et une cuisine. Derrière moi, dans le studio, elle écrit. J'ai installé mon ordinateur portable sur la table de la cuisine et j'écris face à une baie vitrée donnant sur la façade et les toits de la maison d'en face, et au-delà sur le ciel, à l'ouest. De la place montent les bruits de la ville : la trépidation et la cloche du tramway, les timbres des bicyclettes, les musiciens de rue qui de temps en temps exécutent leurs morceaux, le brouhaha incessant de la foule dans les cafés grands ouverts sur la rue, et qui se transforme en vacarme les soirs de week-end, surtout le vendredi. Comme il n'y a pas d'amplificateurs le bruit de la musique reste supportable.

On se concentre en écrivant et c'est comme si l'on entendait tout cela depuis le fond de la mer. À Amsterdam les fenêtres sont grandes et n'ont pas de rideaux, tandis que j'écris je peux donc voir des fragments de vie dans les maisons d'en face : une pièce d'apparence confortable dont le fond est couvert de livres, une salle vide aux murs nus où travaillent des maçons et des peintres. Parfois je m'approche de la fenêtre et je reste à regarder la rue. Le spectacle est ininterrompu : les promeneurs, les cyclistes, les clients des cafés, les éboueurs, les touristes égarés qui consultent leur plan. Au début de mon séjour, lors d'une promenade, je suis tombé par hasard sur la statue de Baruch Spinoza, dans le quartier juif où ont vécu des siècles durant tant de descendants des expulsés d'Espagne.

Amsterdam est à la fois paisible et agitée. Inévitablement je la compare avec mes villes, New York et Madrid. Passer son temps à aller et venir renforce l'habitude de faire des comparaisons. Amsterdam est très active et les Pays-Bas sont l'une des nations les plus riches et les plus compétitives du monde, mais il semble qu'ici le travail ne provoque pas la crispation généralisée qui règne à New York. Rien non plus ne rappelle le puritanisme américain : les gens boivent et fument avec désinvolture dans la rue ; au milieu de l'après-midi, sur les perrons des maisons, des personnes sortent pour bavarder, boire un verre de vin, parfois elles posent une bouteille et un seau à glace sur les marches. On ne voit pas de pauvreté extrême comme à New York. On ne voit pas de personnes égarées dans la misère ou la folie, abandonnées à leur sort – naufragés sans espoir échoués non pas sur une île lointaine mais sur le banc d'un parc ou sur un siège du métro, puant tellement qu'autour d'eux se constitue un cercle vide. On ne voit pas de vieillards courbés par l'arthrite ou les déformations, pas de gens gros comme des montagnes et noyés dans leur graisse, buvant des boissons sucrées gigantesques, ruminant des nourritures de poubelle. Le bien-être général est aussi perceptible que l'énergie consacrée au travail. La bicyclette est un moyen de transport rationnel et un exercice salutaire, qui se dissout dans le quotidien de la vie, dépourvu de ce que l'exercice physique a de disciplinaire et d'antipathique aux États-Unis. Une femme charmante roule en bicyclette, rouge à lèvres et talons, une cigarette dans la main qui ne tient pas le guidon. Dans les cafés et les restaurants les garçons parlent un excellent anglais, ils ne sont pas serviles et n'affichent pas non plus une familiarité excessive.

Contrairement à ce qui se pratique à New York, le plaisir et le travail ne sont pas rigoureusement séparés. Contrairement à ce qui se pratique en Espagne, le temps présent s'est imposé sans besoin de détruire le meilleur du passé. Des séquences visuelles impliquant plusieurs siècles différents sont juxtaposées dans presque chaque rue. Ce qui était construit pour durer s'est bonifié avec le temps. Sans plagiat historique et sans mimétisme, les éléments les plus modernes s'incorporent au tissu de la ville. Une maison du XVIIe siècle abrite au rez-de-chaussée une agence d'architecture à l'espace transparent. Sur les mêmes rails installés entre les pavés et les briques du sol il y a peut-être plus d'un siècle passent des tramways d'une beauté futuriste. Des architectures datant de quatre ou cinq siècles différents se suivent et alternent au bord d'un canal qui reste une voie de transport aussi utile qu'il y a quatre cents ans, lorsqu'on l'a tracé. Maisons de commerçants calvinistes étroites et de guingois, palais néoclassiques, entrepôts à l'architecture industrielle du XIXe siècle, maisons Art nouveau des années vingt, volumes de verre et d'acier si récents qu'ils ont encore l'éclat du neuf.

La bicyclette me permet de m'éloigner du centre et parfois d'observer comment la ville se dissout sans dégâts dans la campagne, dans des zones d'ateliers et de bureaux ou dans des quartiers de logements sociaux. Les villes, même celles qui commencent le mieux, dont le centre historique est vivant et bien préservé, d'habitude finissent mal ou très mal, dans des étendues de ronds-points et de centres commerciaux, dans des banlieues qui sont des ghettos de pauvreté et de dégradation.

Dans les environs d'Amsterdam, on découvre le résultat d'une tradition opiniâtre de logement social de qualité. La terre ne sera jamais un paradis mais la vie des gens peut être substantiellement améliorée si les lieux qu'ils habitent sont propres et bien construits, entourés de jardins, pourvus d'écoles et de parcs, s'il existe de bons services publics accessibles à tous. La ville elle-même n'est pas un parc à thème pour touristes, ni un musée figé dans le temps et donc impraticable ou très malcommode pour la vie quotidienne. Elle a le laisser-aller inévitable des lieux où beaucoup d'habitants vivent et circulent, mais aussi l'harmonie non planifiée de ce qui dure et se renouvelle en vertu d'un accord tacite entre des gens très divers. C'est un exemple de concorde civique en mouvement. On n'y remarque pas la pesanteur paralysante de ces ordonnances qui régissent avec une minutie malavisée la couleur des façades ou la forme des volutes modern style des réverbères afin d'imposer une authenticité factice. Chaque détail résulte d'une initiative particulière et pourtant s'intègre avec plus ou moins de souplesse dans les éléments fondamentaux du paysage. Rien n'est monotone mais rien ne jure. Le familier et l'étonnant se renforcent l'un l'autre.

Comme il y a beaucoup de croisements et peu de feux rouges, comme tant de moyens de transport et de personnes occupent en même temps la rue, chaque mouvement semble mettre en jeu une négociation subtile entre insister ou céder, et doit s'effectuer en quelques dixièmes de seconde – ce qui perturbe l'étranger habitué à des villes où la discipline est plus rigide. Le secret est d'ajuster les mouvements sans les interrompre, de freiner sa bicyclette juste ce qu'il faut pour céder le passage à une autre mais sans s'arrêter, d'être attentif en même temps au tramway qui arrive, aux autres cyclistes et à une moto qui accélère dans le même couloir, mais aussi à un piéton distrait et à une benne à ordures qui est arrêtée, occupant tout un virage tandis que les éboueurs chargent rapidement à l'arrière les sacs noirs des déchets.

À Madrid il est banal qu'un conducteur soit furieux et accélère de manière menaçante si une personne tarde à traverser une rue sur un passage à piétons, ou si la voiture qui le précède ne démarre pas assez vite quand le feu passe à l'orange, pas même au vert, alors qu'un piéton n'a pas encore fini de traverser, presque toujours une personne âgée. La présence de l'autre semble souvent être un affront insupportable. Le gêner délibérément procure un plaisir stupide : marcher plus bruyamment ou pousser le volume de la musique pour se venger du voisin qui a protesté contre le bruit ; déposer un tas d'ordures à la porte d'un habitant qui, au petit matin, a réclamé le silence à des noceurs ; laisser sa voiture en double file et y revenir avec une lenteur calculée pour aggraver l'irritation du conducteur qui a trouvé la sienne bloquée. Une remarque mineure peut déclencher une réponse coléreuse, comme la brusque détente d'un ressort soumis à une pression excessive. Des adolescents jettent par terre à coups de pied un vieil homme qui avait osé les blâmer pour un acte de vandalisme. Un père ou une mère se présente au collège et, sans échanger un mot, agresse le professeur qui a mis une mauvaise note à son fils ou l'a puni pour son indiscipline. La famille d'un malade soigné gratuitement menace ou attaque le médecin de l'hôpital public qui n'a pas satisfait ses demandes. Les sympathisants d'un parti ou les habitants d'un village font un énorme scandale, se déclarent collectivement outragés et appellent au lynchage parce qu'un imprudent s'est hasardé à émettre une critique. N'importe quelle célébration, n'importe quelle action revendicative laisse derrière elle un sillage de monceaux d'ordures. Des admirateurs secrets des terroristes passent des appels menaçants ou ironiques à la veuve d'un homme assassiné et vont plusieurs fois au cimetière pour profaner sa tombe. Des pistoleros emprisonnés ont pris l'habitude de fêter ostensiblement au champagne l'annonce d'un nouveau crime commis par les leurs.

101

Il est surprenant de voir tant d'énergie dépensée à nuire aux autres et à perturber leur vie, à polluer un espace qui en fin de compte appartient à tous, à détruire par aveuglement ou par cupidité à courte vue ce qui aurait pu être une source de richesse durable si elle avait été préservée et entretenue, à choisir des mots blessants pour s'adresser à un adversaire, juste pour l'offenser gratuitement autant qu'il le peut et rendre impossible tout accord, encourageant ainsi des manières de *hooligan*. Et il serait désolant que cette crise ne serve pas à tirer des leçons de nos erreurs mais qu'elle nous pousse à les répéter et à les aggraver, à éluder une fois encore nos responsabilités en cherchant des boucs émissaires, à choisir de nouveau la voie facile de la spéculation et du développement destructeur à court terme. Mais c'est précisément ce que fait la classe politique : les patriotes espagnols et les patriotes catalans en concurrence pour attirer chez eux un louche magnat des casinos et de la prostitution, les gouvernants andalous de nouveau prêts à autoriser l'urbanisation de plages protégées, les indépendantistes qui, au milieu des circonstances les plus graves que nous ayons connues depuis la guerre civile, sèment des discordes préjudiciables à tous, eux y compris, réduisant ainsi davantage le crédit international de notre pays.

Très longtemps, rien n'a semblé avoir d'importance et désormais tout a de l'importance, tout ce que nous avons fait ou laissé faire ajouté à tout ce que nous faisons encore de travers nous présente aujourd'hui sa facture exorbitante. Il a semblé qu'il était sans importance d'être médiocre, ignorant ou vénal pour faire une carrière politique, et maintenant que nous avons désespérément besoin d'hommes d'État qui soient à la hauteur des circonstances et capables de prendre des décisions ou de parvenir à des accords, nous nous trouvons gouvernés par des seconds couteaux incultes qui ne sont bons, tous autant qu'ils sont, que pour les petites intrigues partisanes qui ont favorisé leur ascension, beaucoup plus haut que ne le justifiaient leurs compétences.

102

Nous avons besoin d'une calme révolte citoyenne qui, à la manière du mouvement américain des droits civiques, utiliserait avec intelligence et astuce tous les recours légaux, toutes les forces mobilisables pour récupérer les domaines de souveraineté usurpés par la classe politique. Il nous faut exiger et obtenir la limitation du nombre des mandats, des listes de candidature non bloquées et la possibilité du panachage, la professionnalité et l'indépendance de l'administration, l'examen méticuleux de tout l'enchevêtrement d'entreprises et d'organismes parapublics afin de décider ce qui peut être allégé ou doit être supprimé, dans quelles strictes limites doivent être maintenus le nombre des postes et leur rémunération, quelles pratiques doivent être éliminées pour éviter qu'elles ne viennent contrarier l'initiative des entreprises capables de créer une véritable richesse, décider ce qui doit être fait pour encourager et attirer le talent au lieu de lui mettre des bâtons dans les roues et de le soumettre à des pressions politiques. Il faut défendre sans timidité ni mauvaise conscience la valeur du secteur public, de ce qui depuis tant d'années est obstinément soumis au discrédit, à l'hypocrisie intéressée de ceux qui l'identifient sans cesse à la bureaucratie ou à l'inefficacité et célèbrent par comparaison le prétendu dynamisme de la gestion privée puis, dans la foulée, signent au nom des collectivités des contrats truqués afin de s'enrichir, discréditant l'État, mettant ses biens au pillage et abandonnant à bas prix et au bénéfice de quelques-uns ce qui appartient à tous : un réseau de trains ou la distribution de l'eau dans une ville, patrimoine commun transformé en profit.

103

Il n'est pas de frontière plus infranchissable que celle qui nous sépare de demain. L'avenir immédiat est un espace en blanc semblable à cette page virtuelle où les lignes que j'écris progressent si lentement. Un certain temps passera et, irrémédiablement, nous projetterons alors sur notre ignorance inacceptable d'aujourd'hui une partie de ce que nous aurons pu apprendre entre-temps. Dans une dizaine de jours, il y aura des élections aux Pays-Bas et l'un des candidats, ministre du dernier gouvernement, qui jouit d'une certaine popularité et dont on ignore combien de suffrages il peut réunir, propose de fermer les frontières et d'abandonner la monnaie unique et l'Union européenne.

Rien n'est jamais sûr. Dans cette ville si accueillante pour moi, des politiciens d'extrême droite réclament l'expulsion des immigrés et l'on trouve des imams extrémistes pour prêcher la guerre sainte précisément dans les quartiers de logements sociaux où je me suis promené tranquillement à bicyclette. Plus de soixante mille descendants de juifs espagnols et portugais qui avaient trouvé ici un refuge contre notre intolérance furent déportés pendant l'occupation allemande et moururent dans les camps d'extermination. Dans une de ces rues tranquilles, le cinéaste Theo Van Gogh a été assassiné en 2004 par un jeune islamiste, néerlandais de naissance. Le *New York Times* annonce aujourd'hui que de nombreuses entreprises américaines se préparent en vue d'une sortie prochaine de la Grèce de la zone euro. Il prédit que la semaine qui commence sera décisive pour la survie économique de l'Union ou pour son effondrement. En Espagne, les banques endettées continuent d'absorber des milliards d'argent public et l'on ne sait ni quand ni à quelles conditions finira par se faire le sauvetage européen de notre économie ; de plus, tout va être de nouveau enveloppé dans la confusion de la propagande politique à cause des élections en Galice puis au Pays basque et une fois de plus les bulletins d'information se réduiront aux clameurs des meetings, aux slogans électoraux et à des tempêtes de drapeaux, juste ce dont nous avons le plus besoin en ce moment. Dans un entretien à *El País*, George Soros prédit un avenir très noir pour le modèle européen, à son idée trop coûteux pour subsister, et il imagine que dans nos pays jusqu'à présent si imparfaitement unis surgiront des mouvements populistes, isolationnistes et xénophobes, semblables à ceux des années trente. Que quelque chose d'inouï se soit passé, disait Primo Levi, est en soi la preuve que cela peut se reproduire.

104

Les derniers tramways traversent la place, vides et éclairés, avec leur bruit métallique atténué. Tous les cafés ont fermé. Sous la lumière des réverbères, maintenant plus faible, passent encore des cyclistes silencieux, penchés sur leur guidon, pédalant avec une régularité experte. Les bicyclettes font un cliquetis de vieilles machines sur les pavés de la place et la voie du tramway garnie de briques. Sur les trottoirs il y a des sacs d'ordures noirs et bleus entassés. Ils sont ramassés au petit matin le lundi et le jeudi. Le fonctionnement complexe de la ville se ralentit mais ne s'arrête jamais. La vie de la cité est un labeur incessant, une rumeur ininterrompue, comme celui d'une forêt tropicale. Par une fenêtre éclairée, en face de la mienne, je vois quelqu'un travailler sur un ordinateur portable, la pièce est meublée de grands canapés blancs et ses murs garnis de bibliothèques.

Mêlée à la fatigue de longues heures de travail, à la stimulation de cette ville nouvelle pour moi, l'insomnie me procure une impression de lucidité, peut-être fictive. Nous ne savons pas ce qui se passera demain, et de ce futur la part qui dépend de nous est sans doute très mince, insignifiante même : circulation capricieuse de capitaux dans une économie globalisée où notre pays ne compte guère ; victoire possible dans quelques mois aux États-Unis d'un illuminé persuadé que Dieu a créé le monde en six jours et que, vers le milieu du XIXe siècle, un ange a dicté à un prophète un livre écrit sur des pages en or ; puissance écrasante des banques et des industries allemandes ; on ne peut même pas écarter l'idée qu'en Iran, au Pakistan ou en Inde quelqu'un décidera que la sécurité de son pays exige le lancement d'une bombe atomique.

Mais il y a des choses urgentes qu'il faut bien faire, d'une manière ou d'une autre, et nous serions inexcusables de ne pas nous y mettre, parce que dans notre état de pauvreté actuel ces choses ne coûtent rien et font partie de la vie de chacun de nous. Ce ne sont pas des tâches irréalisables. Beaucoup passent leur temps à les accomplir dans leur vie personnelle, chez eux ou au travail, dans les lieux où ils circulent tous les jours. Dans bien des cas elles exigent un changement radical, mais c'est un changement d'habitudes, de manière de penser, de parler et d'agir.

Antonio Machado dit : *Qu'il est difficile / quand tout s'abaisse / de ne pas s'abaisser aussi*. Dans une ambiance où la corruption est normale, il est plus facile d'être corrompu, et là où ne règne pas l'exigence, où l'effort n'est pas reconnu, il sera beaucoup plus difficile de donner le meilleur de soi, ou même de découvrir le meilleur dont on est capable.

Mais l'inverse lui aussi est certain, et l'émulation peut susciter l'excellence aussi bien que la médiocrité, la bonne éducation est aussi contagieuse que la grossièreté. Voilà pourquoi, dans le domaine de notre vie personnelle, dans la zone d'influence directe de notre comportement, l'important est ce que nous faisons et non ce qui appartient au monde vague et vite trompeur des discours.

Que chacun fasse son travail, disait Camus, qui a toujours été si irrité par les abstractions, à l'inverse de presque tous les intellectuels français, ses collègues. Que chacun choisisse d'être un citoyen adulte et non un *hooligan*, non l'esclave d'un leader ou un grand enfant capricieux, non un adolescent prisonnier de son narcissisme. Que l'élève étudie, et s'il ne veut pas étudier, qu'il apprenne un bon métier et soit heureux de mettre toute son intelligence au service du travail de ses mains. Que le professeur enseigne, que le père et la mère soient père et mère et n'aspirent pas à être les camarades de leurs enfants, à les flatter en permanence. Nous ne pouvons plus nous offrir le luxe de leur faire croire que le monde est une classe maternelle ou un parc d'attractions : il est probable que leur vie sera plus difficile que la nôtre et qu'ils auront besoin de beaucoup de préparation et de caractère pour s'en sortir.

Philip Roth disait, au retour de son premier voyage en Tchécoslovaquie communiste, que la différence entre les États-Unis et les pays de l'Europe de l'Est était simple : aux États-Unis il y avait de tout et rien n'avait d'importance ; dans ces pays il n'y avait rien et tout était important. Chez nous, maintenant, tout a de l'importance. Que celui qui dispose de l'argent public le contrôle au centime près, qu'il soit prêt à répondre de chaque euro dépensé. Que le médecin prescrive la dose strictement nécessaire d'un remède. Que celui qui balaye les rues les laisse aussi propres que s'il balayait son propre logis. Et que le citoyen tente de ne pas y abandonner la moindre trace de son passage, car moins on salit, moins il faudra nettoyer et chaque économie, même minime, compte dans ce temps nouveau où rien n'est gratuit et où nous ne sommes pas riches. Que le critique littéraire lise vraiment un livre avant de le juger. Que l'écrivain examine chacun de ses mots, qu'il les soumette à l'évaluation exigeante des autres et admette que son texte puisse être amélioré. Que le journaliste s'assure de la véracité de l'information qu'il va publier, qu'il vérifie chaque nom et chaque donnée jusqu'à être raisonnablement sûr de ne pas s'être trompé, qu'au lieu de copier ou de reproduire les paroles d'un homme politique il examine avec soin si elles sont conformes à ses actes, et qu'en outre il accorde plus d'attention à ceux dont les réalisations concrètes et courageuses améliorent le monde, un peu ou beaucoup, plutôt qu'aux bouffons à la mode. Que le chercheur cherche. Que l'historien s'efforce de décrire les événements tels qu'ils se sont déroulés et de démonter les mensonges et les légendes que ne cessent de répandre ceux qu'intoxiquent les idéologies.

Chacun de nous, presque à chaque instant, a le pouvoir de faire bien quelque chose ou de le faire mal, d'être grossier ou bien élevé, de jeter par terre un sac froissé, une bouteille, une canette ou de les déposer dans une poubelle, de crier ou de baisser la voix, de se mettre en colère à cause d'une critique ou de prendre le temps de vérifier si elle est justifiée.

Trop longtemps, pendant les années du délire, tout appel à la vertu civique ou à des valeurs morales était perçu comme une vieillerie réactionnaire et suscitait la moquerie. Il n'était pas d'appel à la morale qui ne fût discrédité comme du prêchi-prêcha ; et je prends *morale* au sens laïque : la conscience que chaque action humaine entraîne des conséquences, provoque d'autres actions en chaîne qui, pour des personnes réelles, peuvent être profitables ou dommageables.

Comme rien n'avait d'importance, la rectitude ne valait pas mieux que le laisser-aller. Comme il y avait toujours un ennemi extérieur à qui attribuer toute culpabilité, l'appel à la responsabilité personnelle était un outrage. Comme il y avait toujours des équipes municipales de nettoiement disponibles, il était sans importance de laisser une place publique transformée en dépotoir. Comme ce qui était important était le profit personnel ou celui de son camp, le vol pouvait être méritoire, ainsi que la calomnie. Et comme personne ne se donnait la peine de vérifier l'exactitude d'une déclaration, il revenait au même de dire la vérité ou de mentir, d'assurer qu'on voyait bel et bien Samson au milieu du temple ou les animaux sortant de l'Arche de Noé, comme dans *Le Retable des merveilles*.

La fantasmagorie est terminée. Que la classe politique espagnole désire continuer d'y vivre est une escroquerie que nous ne pouvons plus autoriser, que nous ne pouvons pas nous permettre. Nous sommes à la tête d'un pays à moitié développé et à moitié dévasté, enlisé dans l'habitude de la discorde, écrasé de dettes, avec son administration hypertrophiée et politisée, un pays dépourvu de l'élan civique nécessaire pour entreprendre de grands projets communs. Mais nous avons aussi infiniment plus de personnes capables qu'il y a vingt ou trente ans, des potentialités plus nombreuses et importantes. Nous avons considéré l'incompétence et la corruption avec trop de tolérance ou de distraction. Mais nous nous sommes aussi dotés, ici et là, de réussites exemplaires : écoles et hôpitaux souvent magnifiques, entreprises qui au milieu de la crise continuent de créer travail et richesse, institutions scientifiques et culturelles qui parvenaient à s'en sortir malgré toutes les pesanteurs et qui soudain, aujourd'hui, sont en danger. Il faut étudier ce qui a réussi et considérer ce qu'ont fait les responsables de ces réussites pour en tirer exemple. Nous n'aurons aucune excuse si nous ne faisons pas tous, un peu ou beaucoup, ce qui est à la portée de chacun pour ne pas laisser détruire ce qui a coûté tant d'efforts à construire et pour assurer un avenir possible à nos enfants ; nous n'aurons aucune excuse si nous ne leur apprenons pas à le défendre, si nous ne les encourageons pas à le faire. Il ne nous reste pas d'autre solution que de nous acharner à voir les choses comme elles sont, dans la froide lumière de la réalité. Aujourd'hui seulement, après tant d'hallucinations, peut-être avons-nous atteint ou devrions-nous avoir atteint l'âge de raison.

Le traducteur tient à remercier Hélène Mathey
pour son aide précieuse et infatigable.

Du même auteur

Beatus ille
Actes Sud, 1989
Éditions du Seuil, 2000
et « Points », n° P929

L'Hiver à Lisbonne
Actes Sud, 1990
Éditions du Seuil (nouvelle traduction), 2001

Beltenebros
Actes Sud, 1991
Babel, 1995
et Éditions du Seuil (nouvelle édition), 2004

Les Mystères de Madrid
Actes Sud, 1993

Le Royaume des voix
Actes Sud, 1994
et « Points », n° P790

Le Sceau du secret
Éditions du Seuil, 1995

Pleine Lune
prix Femina étranger
Éditions du Seuil, 1998
et « Points », n° P667

Une ardeur guerrière
Mémoires militaires
Éditions du Seuil, 1999

Rien d'extraordinaire
Éditions du Seuil, 2000

Carlota Fainberg
Éditions du Seuil, 2001
et «Points», n° P966

Séfarade
Éditions du Seuil, 2003
et «Points», n° P1387

En l'absence de Blanca
Éditions du Seuil, 2004
et «Points», n° P1426

Fenêtres de Manhattan
Éditions du Seuil, 2005
et «Points», n° P1889

Le Vent de la lune
Éditions du Seuil, 2008
et «Points», n° P2756

Cordoue des Omeyyades
Éditions du Seuil, 2011

Dans la grande nuit des temps
Éditions du Seuil, 2012
et «Points», n° P573

RÉALISATION : PAO ÉDITIONS DU SEUIL
IMPRESSION : NORMANDIE ROTO IMPRESSION S.A.S., À LONRAI
DÉPÔT LÉGAL : SEPTEMBRE 2013. N° 111884 (133286)
Imprimé en France